세계적인 기업이 **원하는 인재**는 어떻게 만들어 지는가
P&G 인재양성법

세계적인 기업이 원하는 인재는 어떻게 만들어지는가
P&G 인재양성법

지은이 | 와다 히로코
옮긴이 | 양은숙
펴낸이 | 김성은
책임편집 | 김현숙
편집 | 최인수 · 여미숙 · 한계영
마케팅 | 곽흥규 · 김남숙 · 이유진
펴낸곳 | 타임스퀘어
출판등록 | 제313-2008-000030호(2008. 2. 13)

초판 1쇄 인쇄 | 2011년 3월 24일
초판 1쇄 발행 | 2011년 4월 5일

주소 | 121-816 서울시 마포구 동교동 113-81
전화 | 편집부 (02) 3143-3724, 영업부 (02) 335-6121
팩스 | (02) 325-5607
이메일 | kjun@timesq.co.kr

ISBN 978-89-93413-30-4 (13320)
책값은 뒤표지에 있습니다.

- 잘못된 책은 바꾸어 드립니다.
- 무단 전재와 복제를 금합니다.

P&G-SHIKI SEKAI GA HOSHIGARU JINZAI NO SODATEKATA by WADA Hiroko
Copyright ⓒ 2008 WADA Hiroko All rights reserved.
Originally published in Japan by DIAMOND, INC., Tokyo.
Korean translation rights arranged with DIAMOND, INC., Japan through THE SAKAI AGENCY and PLS Agency.

이 책의 한국어판 저작권은 PLS에이전시를 통한 저작권자와의 독점 계약으로 도서출판 타임스퀘어에 있습니다. 저작권법에 의해 한국 내에서 보호를 받는 저작물이므로 무단전재와 무단복제, 전송, 배포 등을 금합니다.

이 도서의 국립중앙도서관 출판시도서목록(CIP)은 e-CIP 홈페이지(http://www.nl.go.kr/ecip)에서 이용하실 수 있습니다. (CIP제어번호: CIP2010004020)

세계적인 기업이 **원하는 인재**는 어떻게 만들어 지는가

P&G
인재양성법

와다 히로코 지음 | 양은숙 옮김

타임스퀘어

프롤로그 P&G의 강점은 인재양성에 있다

● P&G에서 배운 자신감

1977년 P&G재팬(당시 P&G산홈)에 입사한 뒤 2000년에 퇴직하기까지, 나의 P&G 인생은 23년에 달했습니다.

퇴직 후에 과거 부하직원들의 제안을 받아들여 커리어를 주제로 한 P&G 직원 세미나에서 나는 "P&G를 그만두자 날개가 돋은 느낌이 들었다"는 얘기를 했습니다. 어디든 날아갈 수 있는 날개를 얻어 정말 자유로워진 느낌이었습니다.

P&G라는 회사는, 그곳에 몸담고 있는 한 평생 수업이 계속됩니다. 한 사람 몫을 제대로 할 때까지는 물론이고, 관리자가 되면 부하직원을 훈련시킬 책임도 지게 됩니다. 머지않아 한 사람 몫이 아니고 다수, 그리고 조직 자체를 이끌며 키워가게 됩니다. 그러면서 자신도 트레이닝을 받고, 지도 받고, 개선되는 과정이 이어집니다. 아

무리 윗자리로 승진해도 계속해서 그 과정을 거쳐야 합니다. 하지만 밖으로 나오니 전혀 딴판이었습니다. P&G가 중력이 큰 지구였다면 다른 기업을 비롯한 바깥세상은 마치 달 위를 걷듯 풀쩍풀쩍 높이 뛰어오를 수 있는 곳이었습니다. 이런 중력을 성장압력이라고 해도 될까요. 요컨대 그때까지 지녀온 능력, 근력, 지력, 경험 덕분에 나는 마치 날개라도 돋은 듯 자유롭게 무엇이든 해낼 수 있겠다, 하는 기분이 들었던 겁니다.

나는 오랜 세월에 걸쳐 P&G 문화에 푹 빠져 있었던 까닭에 일본 사회에 잘 적응할 수 있을까 하는 불안감이 들었습니다. 그러나 지금까지 터득한 스킬과 응용력 풍부한 사고방식에 관해, 새삼 P&G라는 조직이 뛰어나다는 걸 느끼며 더욱 자신감을 갖게 됐습니다.

P&G에서는 비록 스킬을 제대로 익히고 있더라도 그것을 더 끌어올리려는 상부의 견인력도 작용하고, 더 높은 목표를 향해 스스로 매진하고 있기 때문에 나는 늘 긴장상태에 있었습니다. 그러나 나오고 나서야 P&G가 평소 얼마나 '직원의 성장'을 생각하는지 새삼 실감할 수 있었습니다.

P&G 강점의 비밀

현재 P&G에는 매출 10억 달러(약 1조2천억 원)가 넘는 세계적인 메가 브랜드mega brand가 23개 있습니다. 이 정도 메가 브랜드를 거느린 기업이 또 있을까요. 일본에서도 팸퍼스, 위스퍼, 팬틴, 비달사

순, 페브리즈, 아리엘, SK-Ⅱ 등 외국계 기업이라는 생각이 들지 않을 정도로 일상생활에 녹아 있습니다.

그 막강함의 비밀은 제품 성능의 우위성과 혁신성을 추구하는 연구 시스템을 기반으로 한 마케팅에 있다고 회자되기도 합니다. 브랜드를 낳고 키우는 노하우, 소비자 중심의 마케팅은 확실히 P&G의 강점이지만, 사실 그것만이 전부는 아닙니다.

P&G의 강점은 인재양성에 있습니다. 뛰어난 마케터를 양성할 수 있었기 때문에 강력한 브랜드를 낳고 키울 수 있었던 겁니다. 마케팅 부서뿐만 아니라, 연구소나 HR(인사), 영업, 금융, 생산본부 product supply 등 전체 부서에서 모두 능력이 탁월한 직원들을 잇달아 배출해내고 있습니다. GE 같은 세계적인 기업의 경영자 가운데 P&G 출신자도 숱하게 있습니다. P&G가 '세계의 인재공장', '헤드헌터의 인재은행'이라는 말을 듣는 이유가 여기에 있습니다.

브랜드의 집합체인 P&G는 브랜드를 번영케 하는 건 사람이며, 뛰어난 인재를 길러내기 위해서는 전략적인 인재양성이 필수적이라고 생각합니다. 현재 저는 여러 기업에서 컨설턴트로 일하고 있는데, 인재양성과 관련해 P&G에는 다른 기업들과 확실히 다른 점이 두 가지 있습니다.

하나는, 직원에게 요구하는 스킬이 전부 명문화되어 전 세계에서 근무하는 직원들의 공통기준으로 정해져 있다는 것입니다. 원래는 WCFs(What Counts Factors)로 정리돼 있었는데, 그 뒤 1999년에 SAWs(Success Actions for Winning)로 업그레이드시킨 스킬이 지금까지

평가기준이 되고 있습니다.

다른 하나는, 그러한 스킬에 상응하는 연수들이 준비돼 있다는 점입니다. OJT(직장 내 훈련, On-The-Job Training)가 주류를 이루지만, 다양한 부서에서 참가하는 연합연수도 많습니다. 전용교재도 준비하고 주제별로 많은 세미나를 개최합니다. 관리자는 세미나 강사로 나서서 직속부하 외에도 다른 직원들까지 훈련시켜야 합니다.

또한 승진은 모두 사내 직원을 대상으로 한다는 룰도 있습니다. P&G가 가장 중요시하는 코어벨류(core value, 기업이념)를 기업의 DNA로 삼고, 하나에서부터 착실히 가르치기 때문입니다. '기업은 사람', '인재'를 기치로 내걸고 말로만 그치는 게 아니라 철저하게 인재양성에 매진하고 있습니다.

이 책에서 왜 P&G 출신자를 세계 기업들이 탐내는지, P&G식 인재양성이란 어떤 것인지, 내 경험을 통해 전하고자 합니다.

● P&G에서 얻은 스킬

내가 P&G에서 얻은 스킬에 대해서는(제1장부터 자세히 쓰겠지만), 세미나 등에서 다음과 같이 예를 들며 설명하는 경우가 있습니다.

- 분석력
- 전략적 사고
- 실행력

- 리더십
- 마케팅/브랜딩
- 금융 지식
- 의사소통(커뮤니케이션) 능력(영어)
- 트레이닝
- 다국적 팀과의 협업

　마케팅에서 강력히 필요한 스킬인 '분석력'과 '전략적 사고'는 주로 OJT를 통해 철저하게 배웁니다. P&G는 소비자에 관한 데이터 분석을 중시하며, 상사에게는 주의 깊게 부하직원의 의견에 귀를 기울이도록 요구합니다. 왜냐하면 제품과 소비자 동향에 관해서는 부하들이 더 상세한 정보를 갖고 있기 때문입니다. 그러나 다량의 데이터가 눈앞에 있어도 올바르게 분석할 능력이 없으면 아무 의미가 없습니다. 산더미 같은 숫자들과 산만한 의견 속에서 현상을 드러내는 요소를 뽑아내고, 거기에서부터 문제점과 찬스를 발견해내는 능력, 즉 분석력을 지녀야 합니다. 그렇게 해서 문제점을 찾고, 그것을 해결하기 위한 행동계획action plan을 세우는 것이 문제해결형의 전략적 사고입니다.

　'전략'이란 목적달성을 위한 기본적인 선택입니다. 수많은 선택지 가운데 승리를 가져다줄 몇 개 또는 하나를 뽑아냅니다. 말하자면, '전략적이다'라는 말은 어떤 의미에서 버리는 데 능숙하다는 뜻이기도 합니다.

분석하는 능력이 있다 해도 돌파할 전략을 생각해내지 못하는 사람이 있는가 하면, 거꾸로 근사한 아이디어는 떠올랐지만 전략적으로 수미일관하지 못하는 사람도 있습니다. 분석력과 전략적 사고능력 두 가지는 연동된 스킬이며, 마케팅만이 아니라 어떤 일에나 필요한 요소입니다. P&G에서는 실제업무를 훈련의 장으로 삼아 이런 스킬들을 익히고 있습니다.

서프라이즈가 곧 전략

비즈니스를 성공시키기 위해 (특히 후발주자인 경우) 타사를 모방하는 전략을 구사하는 경우가 있습니다. 그러나 진짜 이기는 전략이 되려면 다른 회사에서 시도하지 않은 독특한 부분이 있어야 합니다. 즉, 경쟁적 우위competitive advantage를 고려한 전략입니다. 이기는 전략의 핵심사항에는 아직 그 누구도 실행하지 않은 부분이 핵심요소로 들어 있어야만 합니다. 그게 바로 소비자나 타사에서 쉽게 모방할 수 없는 서프라이즈 전략입니다.

예컨대, 내가 맡았던 생리용품 '위스퍼'를 처음 시판할 때는 신기술이 들어간 제품이었기 때문에 구매욕 촉진이라는 전략을 구사했습니다. 타사에서 시도한 적이 없는 방법을 동원했습니다. 수천만 개의 대규모 샘플을 살포하고 소비 개시 지점point of entry에 있는 당시 사용자 예비군인 초등학교 6학년 여학생 약 60만 명을 공략하기로 했습니다. 이는 후발상품이었던 위스퍼가 장래의 시장점유율을 확보하기 위한 시책의 일환으로 용의주도하게 계획한 일이었습니다.

초등학교에서 열리는 첫 생리교육의 장을 활용했기 때문에 이 제품군의 사용자가 소비를 개시하는 시점을 포착해서 정보와 제품 샘플을 제공하자는 기획이었고, 시간이 드는 만큼 남들이 금세 따라 할 수 없도록 하는 전략이었습니다(첫 생리교육 프로그램에 대해서는 제2장에서 상세히 설명하겠습니다).

P&G에서는 '바르고 어려운 일을 하라'고 배웁니다. 목표물이나 예상효과 면에서 적합하다고 여겨도 시행하기 곤란한 건 피하려 들기 십상이기 때문입니다. 그러나 금방 따라 할 수 있는 쉬운 전략계획은 경쟁에서 눈 깜짝할 사이에 도용 당하곤 합니다. 전략으로서는 거의 의미가 없습니다.

모든 행동에 독자성이 있어야만 된다는 의미는 아닙니다. 이것만은 아무래도 모방해야겠다 싶은 경우도 있습니다. 그러나 모방 그 자체만으로는 선행 경쟁제품을 따라잡을 수 없습니다. 모방을 당하는 선행업체에서는 몇 년에 걸쳐 그 전략을 실행하고 있기 때문입니다. 타사를 모방하거나 이미 과거에 썼던 전략을 단순반복 하는 전략은 금세 효력이 떨어지기 마련입니다.

● **확실한 실행력**

바르고도 어려운 일을 실현시키기 위해서 그 다음으로 필요한 것이 '실행력 Make It Happen'입니다. 전략적 사고력, 전략적 계획을 탁

상공론으로 날려버리지 않기 위해서는 자신이 생각한 계획이나 개념을 실행에 옮겨야 합니다.

Make It Happen에는 계획수립과는 다른 힘이 필요합니다. 각오하고 도전해야만 하는데 이를 행하지 않으면 일을 하는 의미가 없습니다. 회의에서 아무리 근사한 비전이나 전략을 세웠더라도 실현하지 않으면 '그림의 떡'이 돼버립니다.

실현하는 과정에서 어떤 반응이 나오게 됩니다만, 완벽한 결과가 나오지 않더라도 다음번엔 그걸 어떻게 개선해갈 것인지 생각할 수 있습니다. 그러나 전략논의만 잔뜩 하고 좀체 실행으로 이어가지 못한다면 시간만 허비하고 실행은 뒷전으로 밀려버리니 스스로가 성공 가능성을 밀쳐내는 격이 됩니다. 타이밍과 스피드 역시, 성공의 중요한 열쇠 가운데 하나이기 때문입니다.

실행력이란 '자신이 실행하는 힘'이라기보다 '모든 사람을 납득시켜 실행하게 만드는 힘' 입니다. 많은 일들은 자기 혼자서 실현할 수 없습니다. P&G에서는 브랜드에 대한 전략플랜을 마케팅 부서의 브랜드 매니저가 세웁니다. 관계부서는 그 플랜의 해당 부분을 각각 분담해서 실행하고 있습니다만 결코 명령에 의해 움직이는 건 아닙니다. 차례차례 플랜을 실현시키는 우수한 브랜드 매니저에겐, '이 브랜드에는 이 플랜이 베스트다' 하고 각각의 부서를 납득시키는 힘이 있습니다. 전략 자체가 지닌 설득력을 뒷받침해주는 커뮤니케이션으로 직원들을 납득시켜야만 각 부서는 담당 부분을 확실하게 실행할 수 있습니다.

● 탁월한 리더십

리더십 역시 P&G 직원에게 강력히 요구되는 스킬입니다. 부하를 포함한 부서 멤버들에 대한 내향적 리더십이 있는가 하면, 다른 부서나 외부에 대해 작용하는 외향적 리더십도 있습니다.

특정한 관리자에게만 요구되는 사항이 아니라, 부하가 없는 일개 직원일지라도 프로젝트를 추진할 때는 필요한 사항입니다. OJT를 통해 타부서 직원들의 협력을 구하고 선배들을 리드하여 프로젝트를 추진해가는 힘이 요구됩니다.

또한 밑에서 위로 작용하는 리더십도 있습니다. 자신이 담당하고 있는 일에 상사의 능력을 얼마나 끌어낼 수 있는가? 부하인 나로서는 상사를 리드하여 어떻게든 일을 진척시킬 기회를 항상 살폈습니다. 내가 부하를 거느리게 된 뒤에는 부하와 다른 팀원에게 각자 적극적으로 자기 의견을 밝히고 행동하길 기대할 수 있었습니다. 위로부터 지시받기보다 부하가 제안하는 구체적인 아이디어를 끌어내는 편이 구성원 전체의 의식도 변화시키고, 프로젝트도 원활히 진척시킬 수 있기 때문입니다.

P&G에서는 '지시 기다리기'는 인정받지 못합니다. 일본의 사회 풍토에서는 어려운 부분이 있었지만, 입사 당시의 P&G산홈은 아직 작은 회사였기에 나는 마케팅 부서에 채용된 최초의 일본 여성이었습니다. 아직까지도 일본기업 특유의 문화는 남아 있지만 그때부터 쑥쑥 변해왔습니다. 나는 P&G재팬의 발전과 더불어 내 경력을 쌓았고 다양한 리더십을 익혔습니다.

● 필수적인 금융 지식

마케팅이나 브랜딩 스킬은 여러 기본 스킬의 종합을 통해 익히지만 금융에 관한 지식도 필수입니다. 브랜드를 마치 회사처럼 경영하는 게 바람직하기 때문에 금융에 대한 이해가 없어서는 안 됩니다.

실제 브랜드 관리에서는 마케팅 비용, 원자재비, 설비투자, 환율 변동 등 비용이나 이익에 큰 영향을 끼치는 요소에 대해 올바른 인식을 갖고 의문점과 문제점들을 해결할 수 있는 능력이 필요합니다. 이론만 배워서는 실천하기에 불충분하므로 그때그때 금융 담당자한테서 배우고 이해하면서 경험을 쌓아 스킬로 익혀가야 합니다.

● 인재양성의 트레이닝

내가 입사할 당시의 P&G에는 인재양성이 조직적으로 이뤄지기보다는 주로 상사 한 사람 한 사람이 능력을 발휘하는 방식이었습니다. 내가 관리직에 오르고부터는 의식적으로 조직적인 인재양성을 시도했습니다. 브랜드 매니저 시절, 마케팅 부의 리크루팅(recruiting, 채용)을 담당했는데, 미국 본사의 방식을 참고하면서 채용 방법, 각종 세미나 등의 트레이닝, 평가기준 만들기 등을 실행했습니다. 나는 우연이 아니라 의도적으로 우수한 인재를 길러내는 구조를 만들고 싶었습니다.

중요한 사실은 부하나 타부서 직원들에 대해 정보나 스킬을 제공하는 걸 아까워하지 않는 겁니다. 오랜 세월에 걸쳐 고생해서 익힌 스킬과 노하우를 같은 회사 직원이라 해도 쉽게 가르쳐주고 싶어 하지 않는 경향은 잘못된 것입니다.

나는 "내 일거리를 빼앗아갈 수 있는 부하를 키우세요"라고 배웠 습니다. 가르치면서 이해도 깊어지며 스스로를 연마할 수 있기 때 문입니다. 자신을 넘어설 정도의 인재를 키우는 것은 결과적으로 자신도 끌어올리는 길이 됩니다. 따라서 그런 구조와 풍토를 조성 할 필요가 있습니다.

P&G의 관리직 직원들은 모두가 트레이너이며 코치입니다. 인재 양성 트레이닝에 관해서는 진지하게 계획을 세우고 확실히 실행을 하며, 교육 프로그램도 아랫사람이나 외부 회사에 대행을 의뢰하지 않습니다. 사람이 인재로서 활약하기 전까지는 어느 정도 시간이 필요합니다. 그러나 P&G는 회사 전체가 나서서 인재양성을 하기 때문에 쓸 만한 인재를 길러내는 데 걸리는 시간이 연공서열 조직 보다 훨씬 짧습니다. 예컨대, 일본기업의 마케팅 디렉터는 40~50대 일 테지만, P&G에서는 30대이니 최소한 10년은 더 빨리 인재를 키 워내는 구조인 셈입니다.

'어리니까 이 일은 너무 이르다'든지 '아직은 무리야'라는 사고 방식이 아니라, 일이 사람을 키운다는 생각으로 입사 뒤 바로 일을 맡겨서 키워갑니다.

마케팅 부서의 경우, 몇 년 내에 브랜드 매니저가 되길 기대합니 다. MBA(경영학 석사) 출신자들도 채용하고 있어서 입사 때 연령은 제 각각이지만, 서른 살 이전에 브랜드 매니저가 되어 하나의 담당 브랜드를 경영해갈 수 있다면 매우 이상적인 상황입니다. 관리직에 오르기엔 너무 어린 나이라고 생각할지 모르겠지만 목적을 갖고 착실히 육성하기 때문에 충분한 능력을 갖춘 인재로 키울 수 있는 겁니다.

브랜드 매니저는 브랜드 전체를 컨트롤하는 자리로, 하나의 브랜드를 회사에 비유하면 그 회사의 사장 정도는 돼야 하기 때문에 어설픈 능력을 지닌 직원은 타부서 직원들이 인정해주지 않습니다. 역시 존경받을 만한 수준의 능력이 없으면 영업이나 연구소, 금융 등 전체가 따를 리 없습니다. 그 사람의 스킬과 경험은 의심받을 수밖에 없습니다. 물론 실패도 있겠지만 그 실패를 살려 성공시킨 실적이 있는 경우엔 신용도가 올라가는 것입니다.

능력과 영향력

조직의 힘을 구성하는 요소는 많지만 개인의 능력도 그 가운데 하나로 고려해야 합니다. 한 개인의 '능력이 커진다'는 것은 다름 아닌 그 사람의 영향력이 커진다는 뜻입니다. 혼자서 처리할 수 있는 일이 많아지는 건 물론이고, 다른 사람을 끌어들여 움직일 수 있는 범위가 커집니다. P&G에서는 각종 스킬을 습득하는 건 자신이 영향을 미치는 범위circle of influence를 넓히기 위한 것이라고 여깁니다.

그것은 자신이 소속된 조직에 몹시 유익한 일이고, 게다가 다른 사람의 능력도 커진다면 조직 전체의 영향력도 상승합니다. 따라서 자기 한 사람만의 스킬을 신장하는 게 아니라 부하와 동료, 나아가 상사의 성장에도 도움이 될 수 있는 움직임이 서로에게 요구됩니다.

다만, 부하가 없는 주니어 시절에는 다른 사람의 역량을 걱정하기보다 우선적으로 자기 자신을 연마하는 게 중요합니다. 스킬 향상에 힘쓰다 보면 자신의 영향력 범위가 커져가는 걸 느낄 수 있습니다. 따라서 OJT 경험과 연수 등을 착실히 받아야 합니다.

파이어니어가 될 수 있었던 원동력

내가 입사한 1977년 당시, P&G 일본법인의 마케팅 부서에는 (마케팅을 담당하는) 여성직원은 한 명도 없었습니다. 나 역시 '외국어 구사 능력을 지닌 비서bilingual secretary'라고 해서 영어로 일을 보는 비서직에 응모를 했을 정도입니다. 결과적으로 마케팅 부서로 채용되고 보니 주변이 온통 남성뿐인 조직이었고, 일본인 상사들은 저를 어떻게 부려야 할지 당혹스러워 했습니다.

일본시장에 단단히 뿌리를 내린 브랜드를 여럿 키우기 위해 기나긴 변혁기가 이어졌던 P&G 일본법인에서 나는 OJT란 명목 아래 여러 일에 파이어니어로 도전할 수 있었습니다. 위스퍼만이 아니고 나중에 글로벌 브랜드로 성장하는 팬틴, 비달사순이 일본시장에 차례차례 투입되면서 리조이와 팸퍼스 등 기존 브랜드도 재정비할 시기를 맞게 됩니다. 미쓰와 비누와 헤드엔숄더Head & Shoulder 샴푸 등 몇몇 브랜드를 퇴장시키는 경험도 했습니다.

인재양성 구조를 만들거나 리크루트를 주도하거나 손에 쥐어진 일은 뭐든 해낼 수 있었습니다. 해야 할 일들이 매일 산더미 같았습니다.

마케팅 매니저, 마케팅 디렉터, 제너럴 매니저에서 고위관리자로 승진함에 따라 글로벌 프로젝트도 늘어났지만, 그 정도 지위에선 여성이라는 것만이 아니라 일본인이라는 점도 이질적이었습니다. 특히 외부의 다른 기업에서는 나를 외국인 상사나 부하의 통역비서로 오해하는 일도 종종 있었습니다.

그래도 훌륭한 상사와 왕성한 잠재력을 지닌 부하직원들을 만나고 비즈니스의 여러 국면을 경험해가면서 P&G라는 기업에 강한 신뢰와 사명감을 가질 수 있었습니다.

P&G 재직 중에 나는 부사장vice president이라는 지위를 얻었고, 마케팅에서 때로 카리스마를 지닌 존재로 대접받은 적이 있었습니다만 나 자신이 돌연변이 같은 존재라고 생각한 적은 없습니다. 내 경력은 노력과 우연과 운이 빚어낸 것입니다. 사실 나는 운이라는 말을 그리 좋아하지 않지만 그럼에도 그렇게 표현될 만한 구석이 있습니다. 그런저런 것들이 모두 쌓여 결과적으로 내 커리어가 된 것입니다.

내가 남긴 실적에서 평가받을 만한 포인트는 모두 'P&G주의'에 기초를 둔 것들이고, P&G 사람이라면 누구든 갖고 있는 소질입니다. 후배들은 지금, 나를 키웠던 도전과 환경보다 더 윤택한 상황에서 더 우수한 인재로 육성되고 있습니다. 그것은 당연한 것이고 또한 자랑스럽기도 합니다.

세계에 흩어져 있는 인재 스톡stock이 끊이지 않도록 꾸준히 우수한 인재를 양성해낸다는 점이 오늘날의 P&G를 떠받치는 힘이고, P&G는 그러기 위한 체제를 갖추고 있다는 걸 나는 알고 있습니다.

P&G의 사고방식

어떤 곳에서 강연을 할 때 청중의 소감 가운데 흥미로운 코멘트가 있었습니다. "담당고객이 P&G에 다녔던 사람이었는데 그 사람 요구가 높았던 게 이제야 이해가 간다"는 것이었습니다. 저는 그 앙케트 용지를 보면서 "그렇군요. 알아주셔서 기쁩니다" 하고 혼잣말을 했습니다.

P&G에서는 늘 높은 기준을 요구합니다. 단 그것은, 높은 수준 그 자체가 목적이 아니고 소비자를 향한 좀 더 전략적이고 독보적인 아이디어를 요구하기 때문입니다.

스스로 최선을 다해도 부족할지 모릅니다. 문제는 자신이 최선을 다했느냐 아니냐가 아니라, 경쟁 상대보다 월등한 아이디어로 소비자를 끌어들일 수 있느냐 없느냐 하는 것입니다. 그러기 위해서는 소비자를 깊이 이해하는 게 기본입니다. 거기에서 돌파력 있는 아이디어가 태어나는 것입니다. 이미 문제없는 수준의 결과가 나와 있다 해도 계속 돌파 방법을 모색하는 자세에 대한 요구가 '과도하다'고 생각될 수도 있습니다.

P&G 출신자가 늘어나 함께 일할 사람들에게 영향을 주고, '모든

것은 소비자를 위해'라는 P&G의 사고방식이 민들레 꽃씨가 되어 날아가듯 여기저기 퍼져가길 바랍니다.

회사와 직원의 관계

회사와 직원은 서로 '사명감'으로 연결돼 있습니다. 직원의 사명감은 회사에 대한 사명감이 아니라 스스로에 대한 사명감입니다.

'내가 되고자 하는 사람이 되겠다'는 사명감을 가지는 건 자신에게도 유익하고, 고용주인 회사에도 가치 있는 일입니다. 회사의 사명감이란 회사가 지향하는 것이고 기업이념입니다.

직원은 회사의 이념에 합의하고, 일을 통해 자신이 되고 싶은 사람이 되도록 노력하는 것으로 회사의 목적에 공헌하는 관계에 있습니다.

회사 측에서 보면 직원이란 매우 필요한 존재지만, 생각해보면 '회사'라 불리는 직원은 없습니다. 회사란 사람들의 집합체로서, 한 사람의 직원은 회사와 동격인 존재는 아니라는 말입니다. 즉, 회사 측에서 보면 숱한 직원들 가운데 한 사람이 빠지든 말든 별 문제가 없습니다. 그러나 한 사람의 공백이 전체에 타격을 주는 조직이어서는 안 됩니다.

어떤 일이든 곤란한 상황에 빠지는 경우는 종종 있습니다. 그렇지만 그 모든 것을 경험으로 쌓을 수 있어야 신뢰받고 부러움을 살 수 있는 인재로 성장해갈 수 있다는 사실을 기억해주시기 바랍니다.

CONTENTS

● 프롤로그_ P&G의 강점은 인재양성에 있다 · 4

● 제1장_ 고정관념에서 벗어나라
: P&G에서 시작하다

1. P&G와의 만남 · 24
2. P&G식 메모의 기술 · 41

● 제2장_ 크는 직원만 있으면 된다
: 브랜드 매니저에서 마케팅 매니저가 되기까지

1. 인재양성, P&G의 주요 과제 · 60
2. P&G의 주도면밀한 리크루팅 · 79
3. '위스퍼' 프로젝트 · 90

🌑 제3장_ 다시 시작하다
　　　　: 마케팅 디렉터 시절
　　　　1. 팀의 재생 · 118
　　　　2. 상사와 부하 · 137

🌑 제4장_ 사람과 브랜드만 남겨라
　　　　: 제너럴 매니저에서 P&G를 퇴사하기까지
　　　　1. 리더십 · 154
　　　　2. 다양성의 도입 · 175

🌑 에필로그_ 인재양성을 위한 기본원칙은 동일하다 · 200

The Procter & Gamble Company

제1장

고정관념에서 벗어나라
— P&G에서 시작하다

1. P&G와의 만남

● 스스로 선택하라

와다和田 가문의 교육방침은 '스스로 선택하라'는 것이었다. 부모님께 그런 말을 들으며 자랐다는 것은 아니고 무엇이든 강요 받은 적 없이 늘 내가 스스로 하고 싶다는 대로 하게끔 해주셨다는 얘기다.

아버지도 어머니도 전쟁 중에 학생 시절을 지내며 자신들이 배우고 싶어도 배울 수 없었던 탓에 자식에게는 좋아하는 걸 배우게 해주자는 생각이 있었던 것 같다. 어머니는 여학교를 나와 교사가 됐는데 학생 시절에 영어를 배우고 싶었어도 전쟁 중이라 배울 학교도 없었고, 더욱이 적국敵國의 언어인 영어는 활용할 곳도 없던 시절이었다.

부모님은 턱없이 적었던 가계수입에 비해서 많은 것을 배울 기회를 만들어주셨다. 내가 늘 하는 말이지만 지금의 내가 있는 것은 정말 부모님이 베풀어주신 교육 덕택이다.

특히 영어는 아홉 살 때부터 배우기 시작했다. 어느 날 TV(NHK 방송 '나의 비밀'이라는 퀴즈 프로였던 것 같다)에 영어로 말하는 여성이 출연했다. 초등학생이었던 나는 그 화면을 보고, 그 말이 영어인지 뭔지도 모르면서 "저 언니처럼 되고 싶어"라고 했다.

당시 우리가 살던 오이타大分 현에는 초등학생이 다닐 수 있는 영어학원 같은 건 없었다. 교사였던 어머니는 선생님들께 물어 영어를 배울 수 있는 곳을 찾아주셨고, 그 다음 다음 날쯤에는 중학생들과 함께 유일하게 초등학교 3학년인 나도 영어학원에 다닐 수 있었다.

그 밖에도 그림, 노래, 피아노, 붓글씨 등 여러 가지를 배웠지만, 영어학원은 이사를 해서 사는 집이 달라져도 대학에 입학하기 전인 열여덟 살 때까지 꾸준히 다녔다.

당시의 아이들은 배웠다 하면 무조건 주판이었지만, 내게 주판은 사무원을 상징하는 이미지였기에 다른 일을 하고 싶었던 나는 주판을 배우지 않았다.

또 학교 공부도 중학교 때까지는 모든 과목을 착실하게 공부했지만, 고등학교에 가서는 '화학 지식 같은 건 어른이 되면 소용없을 거다'라고 생각하고 내가 잘하는 것에 집중했다(얄궂게도 P&G에 입사해 처음 담당하게 된 것이 의류용 세제여서 중요한 화학물질 이름을 영어로도 일본어로도 암기해야만 했다).

그렇게 해서 나는 일찍부터 외국어 대학을 목표 삼아 결국 오사카 외국어대학에 입학했다. 영어를 제대로 익혀 영어로 하는 일을

> 취직을 할 때 부모님과 상의하진 않았다. 어렸을 때부터 스스로 생각하고 스스로 선택하라는 자세가 몸에 배어 있었기에 내가 결정한 선택에 대해서 나쁜 일이 아니라면 굳이 반대하지는 않을 거라고 생각했기 때문이다.

해보겠다는 생각은 어릴 적부터 변한 적이 없었다.

대학 시절에는 영국으로 1년간 자비유학을 다녀온 적도 있고, 사회인이 되어서는 제법 영어를 할 줄 알았다. 대학에서 배운 건 미국식 영어였기에 유학 때는 영어 학교 선생님께 영국식 영어 발음에 대해 레슨을 받기도 했다.

당시 우리 집은 건강이 좋지 않았던 아버지의 일이 잘 풀리지 않아서 경제적으로 매우 어려운 상황이었다. 그러나 부모님은 유학 중이던 나에게는 전혀 알리지 않은 채 변함없이 생활비를 계속 보내주셨다. 영국 유학에서 돌아와 비로소 그런 집안형편을 알게 돼 놀랐지만, 그것 역시 자식이 좋아하는 걸 배우게 해주고 싶은 부모님의 배려였다. 아버지와 어머니에게는 진심으로 감사한다. 지금 내 존재의 기반은 부모님이 마련해주신 교육 덕분이다. 그 뒤 내 손으로 돈을 벌면서부터는 뭐든지 해드리고 싶었다. 아버지는 이미 돌아가셨지만, 어머니와는 장기휴가를 내어 함께 유후인湯布院* 온천에 묵기도 하고, 다양한 체험을 하면서 즐겁게 살고 있다.

---

* 역주) 오이타 현의 중부, 유후由布 시에 있는 온천 도시. 벳부·구사쓰 온천에 이어 일본에서 3번째로 용출량이 많은 온천이다.

도전정신이 왕성한 어머니는 교사생활 마지막 10년 남짓 정서장애아동 학급의 담임을 자원했다. 초등학교 6학년 정도의 아이들이 끌어안고 응석이라도 부리면 육체적으로도 힘드셨을 텐데 스스로 원하셔서 정년까지 근무를 하셨다. 일흔이 넘은 나이에도 영어를 배우고, 간단한 회화도 할 수 있는 어머니는 외국인 펜팔 친구까지 있는 듯하다. 심지어 도쿄 거리에서 만나는 외국인에게 말을 걸기도 하는 모양이다. 내가 새로운 것에 대해 호기심을 갖는 건 아마도 어머니의 영향인 것 같다.

취직을 할 때 부모님과 상의하진 않았다. 어렸을 때부터 스스로 생각하고 스스로 선택하라는 자세가 몸에 배어 있었기에 내가 결정한 선택에 대해서 나쁜 일이 아니라면 굳이 반대하지는 않을 거라고 생각했기 때문이다. 지금도 이따금 상의를 드리면 "히로코야, 네가 좋을 대로 결정하면 되지 않겠니"라고 대답하신다. 자식이 정한 일에 대해 필요하다면 가능한 한 응원해주겠다는 사고방식이 철저한 부모님이시다.

● 구체적으로 주장하라

어릴 때 나는 떼를 쓰기도 했고 내가 '여자'라는 의식도 별로 없었다. 하지만 언젠가 한 살 터울인 남동생을 이웃 아이와 놀려대고 있을 때, "여자가 그럼 못써. 나중에 남자가 데리고 살기 힘들어"라는 어머니의 꾸중을 듣고는 어린 마음에 상처를 받았던 기억이 있

> 🌙 누군가가 강요한 게 아니라 스스로 선택한 일이라고 각오하면 강해질 수 있다. 그리고 원하는 상태에 미치지 못하는 것이 있다면 구체적으로 주장하면 더 많은 것을 얻을 수 있다. 회사와 주위에서 헤아려주기만을 기대하는 것은 별 소용이 없다.

다. 큐슈九州 지방에 있는 오이타현이라는 지역성도 있고, 어머니도 대단한 의미를 두고 얘기한 건 아니었겠지만, 그 일로 인해 "나는 남자 도움 같은 거 안 받아!" 하는 오기가 났다. 그것은 남성에 대한 것만이 아니라, 부모님에게서도 하루빨리 경제적으로 자립할 수 있게 되길 바라는 마음이었다.

'남자답게', '여자답게'라는 역할 기대, 사회적 규범은 어린 시절에만 국한되지 않고 어른이 돼서도 줄곧 따라다닌다. 일본사회 특유의 암묵적인 양해인 것이다. 나 역시도 전혀 아니라고는 할 수 없지만 그럼에도 불구하고 그걸 받아들이느냐 마느냐는 스스로 하기 나름이라고 늘 생각해왔다. 어떤 스트레스를 받는다고 해도 자기가 그걸 따르지 않으면 자유롭게 될 수 있기 때문이다.

"그렇게 말하니 어쩔 수 없다"는 선에 멈춰버리지 말고, 그런 규범을 받아들이는 자신을 의식하는 것이다. 그 연장선에서 자기 자신의 문제로 받아들일지 말지를 선택한다. 경우에 따라서 적극적으로 소리를 높여서라도 그러한 암묵적 규범을 바꿔보고 싶다는 생각이 들 수도 있다.

최근 꽤 많이 얘기하게 된, 일과 생활의 균형도 마찬가지다. 예컨대 여성이 결혼을 해서 아이를 낳고, 직장 일도 계속 열심히 하길 원

한다고 하자. 여성은 가정과 직장의 일 모두를 균형적으로 해나가지 않으면 안 된다. 다니는 회사의 제도가 제대로 마련돼 있지 않거나 국가의 보조가 불충분하다고 해서 막연한 불만이나 불안을 느끼고만 있으면 사태는 전혀 개선되지 않는다.

우선은 결혼해서 아이를 낳고 일도 함께 해나가겠다고 생각한 자신의 선택을 의식한다. 누군가가 강요한 게 아니라 스스로 선택한 일이라고 각오하면 강해질 수 있다. 그리고 원하는 상태에 미치지 못하는 것이 있다면 구체적으로 주장하면 더 많은 것을 얻을 수 있다. 회사와 주위에서 헤아려주기만을 기대하는 것은 별 소용이 없다.

부사장이던 시절에 나는 우먼 서포팅 우먼wsw 세미나, 즉 여성의 관리직 활성화를 위한 숙박(체제형) 세미나를 일본에 도입했다. 그때 세미나를 통해 배우는 걸로 만족하지 않고, 세미나의 최종 세션에서는 구체적인 제안을 도출해내는 태스크 포스 팀을 구성했다. 세미나 과정에서 여성 관리직 직원들이 더욱 활약할 수 있도록 문제점이 무엇인지 짚어내고 그 해결책이 될 아이디어를 수집해서 정식으로 회사에 제안했다. 불만이 아니라 구체적인 아이디어로 표현하는 편이 원하는 것을 훨씬 더 수월하게 손에 넣을 수 있는 것이다.

● 외국어로 일하는 회사에 들어가다

취업 시기를 맞아 어떤 회사에 취직할지 고민하고 있을 때 나는 다음과 같은 커리어를 목표로 세웠다.

우선은 어렸을 때부터 항상 생각해왔듯이 영어로 하는 국제적인 업무여야 한다는 것, 그 다음에 남녀 모두에게 공평한 기회를 주고, 직원으로서의 교육을 시켜주는 회사여야 한다는 것이었다. 회사에 들어가서 트레이닝을 받으면 성장할 것이고, 내가 성장하는 걸 느낄 수 있는 일을 하고 싶었다.

지금이야 많은 기업들이 표방하고 있는 사항인지 모르겠으나, 내가 취직을 하던 1970년대 후반에는 아직 여성에게 장기간 근무할 수 있는 자리를 마련해놓은 회사는 많지 않았다. 더구나 승진이나 트레이닝에 대해 남성과 같은 대우를 해주는 회사는 극히 적었으므로 나의 구직활동은 정말 어려웠다. 4년제 국립대학을 나온 여성이라는 것만으로도 경원당하기도 했고, 오일쇼크에 따른 불황도 겹쳐 영어를 살릴 만한 외자계 은행이나 여행사 어느 한 곳에서도 받아주지 않았다.

그럴 무렵 영자신문에서 찾아낸 것이 '외국어 구사능력을 갖춘 비서 모집'이라는 문구였다. 그 광고를 낸 P&G(당시 P&G산홈)는 당시만 해도 소규모의 회사였다. 모집조건이 경력자였는데 나는 비서 업무는커녕 타이프도 친 적이 없었지만, 밑져야 본전이라는 생각으로 모집조건을 무시하고 곧 바로 응시서류를 보냈다. 외국어 구사 비서직이라면 영어로 하는 일을 할 수 있을 거라는 생각이 들었기 때문이다. 하지만 면접장에 가보니 전부 나이 먹은 경력자들뿐이고 나처럼 졸업예정자가 응모한 경우는 아무도 없었다.

집에 돌아온 그 다음 날 P&G에서 전화 연락이 왔다. 합격자에게

만 연락한다는 말을 들었던 터라 사실 놀랐는데, "비서직으로는 채용이 안 됐지만 마케팅 부서에서 일본인 여성 채용을 검토하고 있었습니다. 면접에 응하시겠습니까?"라는 연락이었다.

당시 P&G 일본법인에서는 마케팅 경력부문에 일본인 여성이 전혀 없었는데 그 최초 후보자로 거론된 것이다. 마케팅 업무는 생판 모르는데 면접 때 가서 얘기를 들어보니 회의나 사내 문서 등도 모두 영어로 한다는 것이었다. 어린 시절부터 꿈꿔왔던 영어로 하는 업무였다.

게다가 나는 외국인 면접관에게 "트레이닝을 시켜주는가?"를 물었고, "물론!"이라는 답변을 들었기에 마음먹고 입사를 결정할 수 있었다.

무사히 채용돼 회사로부터 바로 와달라는 말을 들었으나, 대학교 수업이 아직 남아 있던 시기라서 풀타임으로 일을 시작할 수는 없었다. 그래서 4월에 정식 입사하기 전까지 몇 개월 동안 업무 흐름을 파악하기 위해 임원 비서 형식으로 주 3회 인턴으로 일을 시작했다. 신문 한 귀퉁이에서 찾아낸 비서 모집 광고에서 비롯된 P&G와의 만남, 큰맘 먹고 시도해본 것이 우연히 마케팅의 길을 걷게 된 것이다.

● 브랜드 스페셜리스트가 되다

내가 입사할 당시에는 외자계 P&G 회사라 해도 여성은 비서직이나 사무직에만 있었다. 물론 미국 본사에서는 이미 많은 여성들이 활약하고 있었기 때문에 일본법인의 그러한 상황을 개선시키려는 의도가 있었는지 모르겠지만, 나는 여성 경력직이 된 제1호 케이스가 됐다.

당시 P&G에서는 마케팅 부로 발령을 받으면 으레 브랜드 어시스턴트 직급에서 시작했지만, 나에게는 '브랜드 스페셜리스트'라는 직함이 주어졌다. 나의 입사로 인해 주위와 마찰을 일으키지 않고 되도록이면 연착륙soft landing시킨다는 의도였으리라. 이제 갓 대학을 나와 밥이 될지 죽이 될지 모르는 존재였기 때문에 브랜드 어시스턴트에서 한 단계 낮춰서 일단 다른 직원과는 다른 직함을 주었을 것이다.

브랜드 스페셜리스트는 한 브랜드에 전념하여 전문성을 높여가는 일을 한다. 예산관리 등의 작업도 하지만 오래도록 변치 않고 브랜드를 관리해서 그 브랜드의 데이터 분석이나 성공사례, 실패사례를 축적해가는 역할을 맡아달라는 것이었다.

맨 처음에 맡은 브랜드는 지금은 사라진 '전온도全溫度 치어'라는 의류용 세제였다. 이 브랜드에는 이미 브랜드 관리자와 브랜드 어시스턴트가 있었고, 세 번째 멤버로 내가 추가된 것이다. 어깨 너머로 가르치는 걸 배워갔지만 '전온도 치어'란 브랜드가 그 당시 톱브랜드 가운데 하나였기 때문에 몹시 바빴다. 해야 될 일들이 산더미처럼 쌓여 있어서 "와다 씨, 이거 하세요"라는 소리가 여기저기서 꼬리를 물었다.

그렇게 1년이 지났을 무렵, 어느새 나는 브랜드 어시스턴트와 똑같은 일을 하고 있었다. 그래서 상사한테 찾아가 "같은 일을 하고 있는데 어째서 직함이 다르죠?" 하고 물었더니, "그도 그렇군" 하면서 브랜드 어시스턴트로 승격시켜주었다.

참고로 브랜드 스페셜리스트라는 직함이 붙은 직원은 결과적으로 내가 처음이자 마지막이었다. 내 뒤를 이어서 여성직원들이 서서히 입사했는데 남녀 구별의 의미가 없을 거라면서 신입직원 전원이 브랜드 어시스턴트로 출발하게 됐다.

시대 상황도 있겠지만 그 뒤 최종적으로 P&G의 부사장에 오르기까지 나는 좋게 말해서 파이어니어, 다른 말로 하면 모르모트 marmotte 같은 존재였다. 여성으로서 가장 먼저 입사했다는 점도 있고 여러 가지 일을 시도하고 커리어도 경험할 수 있었다. 내가 의도한 것은 아니지만 그때는 엄청난 생각도 많이 했는데, 역시 그런 경험들이 와다 히로코라는 인간을 만들어준 것이다.

● 이건 업무가 아니다?

브랜드 어시스턴트였던 시절에 고생했던 일 가운데 지금도 기억에 남는 건, 최초로 마케팅 데이터라는 산더미 같은 숫자와 맞닥뜨렸던 경험이다. 지금이야 데이터도 정비돼 있고 개인이 컴퓨터를 이용하는 것도 상식이 돼 있지만 당시의 데이터라는 건 종이에 적힌 산적한 서류더미였다.

입사하자마자 3년치의 매상과 시장점유율 수치들을 지역별로 분석하라는 지시를 받았다. 물론 그때까지도 분석은 했지만 이 기회에 좀 더 정밀한 분석을 해보자는 의도였다.

당시엔 개인용 컴퓨터가 없었기 때문에 데이터가 적힌 종이를 일일이 넘겨가며 전자계산기로 계산을 해야 했다. 일본을 홋카이도北海道, 도호쿠東北 등으로 부르는 8개 정도의 지역으로 나눠서 반년씩 데이터를 취합했다. 시장점유율 등은 두 달에 한 번씩 데이터를 냈기 때문에 6개월 3기期분의 데이터를 더하고 나눠서 산출했다. 전자계산기의 메모리 기능도 쓸 수 없어서 늘 계산기 두 대를 갖다 놓고 종이에 줄줄이 써내려갔다. 숫자를 찾아내어 더하고 빼고 나누었다. 당시는 너무나 아날로그적이었고 몇 주일이나 걸린 작업이었기 때문에 생생히 기억하는 것이다.

초등학교 시절 나는 당시에 아이들 모두 들고 다니던 주판이 "나한테는 필요 없어"라며 배우지 않았다. 그러나 어른이 되고 나서 이처럼 산더미 같은 숫자와 맞닥뜨릴 줄이야…… 주판을 튕길 줄 알았다면 4자릿수 정도는 암산으로도 할 수 있었을지 모른다.

각 지역별 데이터와 전국의 합계 데이터 3년치를 늘어놓는다는 건 전기前期나 전년도와 비교할 수 있다는 얘기다. 그걸 알기 쉽게 도표로 만들고, 숫자도 깔끔히 타이핑해서 작성한 리포트를 상사에게 "다 됐습니다" 하고 제출하러 갔다.

그러자 미국인 상사는 "이건 업무가 아니에요. 업무의 시작입니다"라고 말했다. 그리고 "숫자를 정리하는 게 아니고, 여기에 어떤 경향이 있는지 보고 고민하는 게 당신의 업무요"라는 말을 듣는 순간 맥이 탁 풀렸지만 과연 그의 말이 옳았다.

지금은 엑셀로도 원그래프나 막대그래프를 눈 깜짝할 새에 그리기 때문에 작업이 훨씬 편해졌지만 그럼에도 어느덧 이런 그래프를 그리고 만드는 일을 보고이자 업무라고 생각해버리는 건 아

> 문서의 여백에라도 '이 도표로 알 수 있는 것은 이러이러하다, 여기서 나올 수 있는 조처는 이러하다'고 써넣어야 한다. 보고를 하기 전에 자기가 분석하고 찾아낸 사실을 써넣는 편이, 그래프를 깔끔하게 그려 보이는 것보다 훨씬 더 중요한 일인 것이다.

닌가? 표로 만들어 중요한 사항은 회의에서 구두로 전달하기도 한다. 그러나 사실은 문서의 여백에라도 '이 도표로 알 수 있는 것은 이러이러하다, 여기서 나올 수 있는 조처는 이러하다'고 써넣어야 한다. 보고를 하기 전에 자기가 분석하고 찾아낸 사실을 써넣는 편이, 그래프를 깔끔하게 그려 보이는 것보다 훨씬 더 중요한 일인 것이다. 그래프를 만들어봄으로써 과제를 추출할 수 있고, 그 과제를 해결하기 위해 어떤 조처를 취하면 좋을지 하는 수준까지 써보는 게 진짜 분석이다. 이 최초의 경험이 지금까지도 곧잘 떠오르고, 현재 고객 상담을 할 때도 부지불식간에 그와 같은 코멘트를 하는 경우가 많다.

● 목적이 뭐요?

또한 "목적이 뭐요?" 하는 물음을 종종 받았다. 당시에 담당했던 브랜드인 '전온도 치어'는, 두 달에 한 번씩 판촉물novelty을 나눠주

는 판촉 캠페인을 하고 있었다. 기획을 짜내고, 기획신청서를 작성하여 승인을 받아낸 뒤 판촉 증정품premium goods을 백화점의 출장 판매인과 함께 찾는 것이다.

증정품을 준다는 포스터나 팸플릿 등의 인쇄물을 연이어 작성하는데 그 인쇄물의 디자인 안을 상사에게 제출하려고 가면 "이 포스터의 목적은 뭐요?" 하는 말을 들었다. '캠페인 중인 거 뻔히 아시잖아요?' 하는 생각이 들었지만, 그게 아니라 결국 이 포스터로 어떤 커뮤니케이트를 하는 게 목적인가를 물어보는 것이다. 예컨대, 먼저 제품 인지도를 높이고 싶은 건가, 매력적인 판촉 증정품에 주목하고 싶은 건가, 마감이 임박했다는 정보를 주고 싶은 건가, 하는 것이다.

그런 식으로 목적까지 하나하나 말하지 않아도 될 성싶은데 하는 생각이 들 정도로 '목적, 목적' 이란 얘기를 계속 들어왔기 때문에 지금은 '먼저 목적이 있어야' 한다는 사고가 완전히 몸에 배어버렸다. 그래도 그런 말이 내게는 나중에 아주 큰 도움이 됐다. 사실, 목적이 모든 행동을 심플하게 해주기 때문이다. 목적만 정해지면 해야 할 일이 보이게 마련이다.

무언가를 하려고 할 때 부수적으로 해야 할 일이 산더미처럼 생기는 경우가 흔히 있다. '이것도 좀 해주지?' 하는 식으로 옆에서 위에서 말을 걸어오는 사람들도 있다. 그런 경우에도 처음부터 목적만 확실히 세워두면 우선 이것과 이것을 처리하고 계획을 간추려가며 할 수 있다. 만일 5개의 제안이 나왔는데 그중 3개만 실행돼도 좋겠다 싶으면 처음부터 나머지 2개의 제안 때문에 시간을 들일 필요도 없고 스트레스 받을 일도 없어진다.

그리고 목적이 정해져 있으면 결과가 나온 뒤에도 그 목적의 달성 여부에 대한 평가를 내리면 되기 때문에 그 점을 판단할 수 있도록 리서치 방법도 생각해서 짜 넣는다. 먼저 할 일과 그 다음에 할 일이 눈에 보이는 것이다. 상황이란 끊임없이 변하지만 그때마다 목적으로 되돌아가보면 해야 할 일과 하지 않아도 될 일을 제대로 판단할 수 있다.

일본인들은 상대적으로 모양새가 분명히 보이지 않으면 판단하지 못하는 경향이 있다. 그래서 목적이나 전략으로는 부족하다. 구체적인 방책이 우선 필요하다는 사람들도 있지만, 해야 할 일에 에너지를 집중하기 위해서는 목적과 전략 등 개념적인 사안을 강화해야 한다.

대규모 프로젝트를 진행할 때는 목적과 전략을 가지치기해서 실행하지만 그 각각에 대한 목적이 따로 설정된다. 하나하나의 목적을 달성하기 위해 행동을 취하고 이 조처만으로 충분할까, 또는 무엇을 커뮤니케이트 해야만 할까, 이 캠페인에서는 무엇이 중요한가를 확인해가면서 프로젝트를 진행해간다. 포스터 한 장일지라도 그 크기나 비주얼 요소의 처리방법, 카피의 분위기 등 모든 것이 목적에 따라 달라지는 것이다.

처음엔 그런 사고방식이 무척 신선했다. 외국 사람들은 그런 식으로 생각하는구나, 다른 문화와 접하고 있구나, 하는 생각이 들었다. 영어만은 뒤지지 않는다고 생각했지만 이런 목적을 중요시하는 외자계 기업, 또는 P&G식의 사고방식을 처음부터 이해할 수 있었던 건 아니다. 이런 목적주의는 P&G식 '규칙'이라고도 할 수 있는 업무의 기본적인 추진방식이었다.

● 차 심부름

당시의 P&G 일본법인에서는 전 직원이 영어를 사용할 수 있는 건 아니었다. 또 지금과는 달리 많은 직원들이 비즈니스 문서를 타이핑해서 정서를 했는데 그 기술 수준은 그다지 높지 못했다. 일본인 직원들의 영어나 서류 타이핑 등은 외국인 매니저의 비서들이 도와주곤 했다. 비서들은 모두 고학력자인 데다 머리 좋은 여성들이어서 외국어를 구사하는 비서는 동경의 대상이었다. 나 역시 비서에게 정식서류의 타이핑을 부탁할 때는 어느새 조심조심 말을 걸곤 했다.

부서에는 마케팅 업무 담당자나 비서밖에 없었다. 어느 날 비서 한 사람이 "와다 씨, 차 나르는 당번이에요"라고 했다. 스태프에게 차를 내가고 찻잔 설거지를 하는 일은 비서들이 돌아가면서 맡고 있었다. 차 나르는 일이 싫어서 P&G에 들어왔지만 브랜드 스페셜리스트라는 내 직함 자체를 처음 듣는 비서들로서는 도대체 나를 어떻게 대해야 할지 몰랐다고 해도 어쩔 수 없는 일이었다. 상사는 내가 어떻게 대응하는지 보고 있었을 것이다. 몽니를 부리고자 한 것은 아니고, 다만 이건 최초의 여성 경력직으로 일을 해나가려면 넘어서야만 할 벽이구나 싶었다. "브랜드 스페셜리스트인 와다가 하는 일은 이런 겁니다" 하고 벽보라도 써 붙일까 생각했지만 그런 걸로 사람의 마음을 움직일 순 없다.

여기서 내가 '노'라고 말한다 해도 물론 괜찮겠지만 어떻게 할지 고민한 끝에 '뭐, 괜찮아' 하고 마음먹었다. 기껏해야 일주일에 한 번이었다. A씨는 커피에 설탕 한 숟갈, B씨는 블랙커피, 하는 식으로 차를 내갔다. 당시 비서였던 사람들도 나라는 최초의 존재에게 어떤 카테고리를 붙여야 좋을지 혼란스러워했다. 남자가 아닌지라 남자 카테고리를 붙일 순 없고, 여자이긴 하지만 비서는 아닌지라 마치 하얀 까마귀와 같은 상태였다. 잘 모르겠다 싶어서 자기들과 마찬가지로 간주하고, 차 나르는 당번 팀에 넣은 거라고 생각했다.

아직 내가 업무를 제대로 수행한 실적이 없으니 착실히 업무실적을 올리면 자연스럽게 나를 알아줄 거라고 생각했다. 반년 정도 지나고 나니, "와다 씨는 이젠 됐어요"라는 말을 들었다. 일을 제대로 잘 해낸 결과라기보다는 실패를 하면서도 필사적으로 업무를 처리하여 여성이지만 여성 직원과는 다른 일을 하는 사람이라는 인정을 받았던 것 같다.

여담이지만 처음 갔던 출장은 대단히 떠들썩했다. 상사와 동일한 스케줄로 도쿄 숙박 출장을 가게 됐는데 남자 상사와 숙박 출장이라니 만약 일이 잘못되면 어쩌느냐 하는 얘기로 떠들썩했던 것이다. 물론 잘못될 까닭이 없었지만 상식적으로 그런 걱정들을 하는 시대였다. 그리고 차 나르는 당번을 하지 않아도 됐을 무렵, 내가 마음속으로 생각했던 건 어느 누구든 차 심부름을 해야 하는 건 아니라는 것이었다. 비서든 사무직이든, 마케팅 담당이든 회사가 그런 일에다 월급을 주는 건 아니라는 생각이 들었다.

브랜드 매니저가 되었을 때 당시의 마케팅 본부장한테 가서 차 심부름을 없앱시다, 찻잔에 마시고 싶은 사람은 자기가 마신 찻잔을 스스로 씻고, 다음부터는 종이컵을 사용하도록 부탁을 했다. 그 때부터 모두 종이컵을 쓰기 시작했다.

마케팅 매니저가 되었을 때는 커피 자판기를 도입했다. 생각해보면 종이컵과 커피의 재고관리를 회사업무로 한다는 게 이상한 일이다. 그때 내 비서 M씨가 제안을 하길래, 그거 괜찮네요 하고 도입한 것이다.

해보면 무척 간단한 일이다. 차는 여자가 가져와야 된다는 선입관을 버리고, 그 다음 2단계로 차는 누군가가 관리해야 한다는 고정관념을 떨쳐버린 것이다.

2. P&G식 메모의 기술

● 메모는 한 페이지로 정리하라

　P&G에 입사하여 배운 스킬 가운데 하나는 메모 작성이었다. 회의보고서나 기획서 등의 문건을 P&G에서는 '메모'라고 부르는데 그 메모를 한 페이지로 정리하는, 아주 간결하고 효과적인 메모 스킬이다.

　1:1의 업무만 본다면 말만으로도 충분하고 메모도 필요 없겠지만, P&G는 여러 나라에서 수만 명이 근무하고 있는 회사다. 직접 얼굴을 맞대고 하는 것이 이상적인 커뮤니케이션이겠지만 좀체 그렇게 하기가 어려웠다.

　우리 팀원이나 상사가 해외 사무실에 나가 업무를 볼 때는 타이밍에 맞춰 전화를 걸기도 힘들었다. 이해를 공유하며 전략적으로 움직이기 위해서는 메모와 인터넷으로 소통하는 게 통례다. 메모를 효과적으로 작성하는 능력은 자기 생각을 정리하는 능력으로 발전하고, 사내의 커뮤니케이션을 확보하는 힘을 키워가는 데 큰 도움이 되었다.

비즈니스에서 사용하는 문서는 기본적으로 보고서report와, 결제 사인을 받기 위한 제안서recommendation밖에 없다. 따라서 메모 작성 능력은 양쪽 모두에 필요하다.

보고서란 프로젝트 진행 도중의 경과 등을 정기적으로 보고할 때 쓰는 문서다. 보고해야 할 사항이 생기면 곧바로 작성해야 한다. 프로젝트의 주된 목적에 맞춰 보고서를 쓰고, 그 외 특기사항으로 알려두는 게 좋은 사항들을 우선순위에 맞춰 작성한다. 시시콜콜한 것들을 기입하는 건 의미가 없고, P&G에서는 한 페이지에 다 작성하도록 교육한다.

실제로 두 페이지로 늘어나도 문제는 안 되지만 10페이지로 늘어나는 일은 있을 수 없다는 것이다. 이것은 보여주는 방식의 기술이기도 하다. 작성자로서는 그 보고서가 업무성과에 대한 보고이기도 하므로 자신의 평가도 곁들여 작성하지만, 그 보고서를 읽는 관리자는 진행 중인 프로젝트의 개수만큼 많은 수의 보고서를 받는 것이다. 산적한 보고서를 한꺼번에 읽어야 하는 관리자로서는 위에서 3분의 1, 또는 4분의 1 지점까지 최소한의 사항과 주요 사항이 적혀 있으면 관리의 효율성을 높일 수 있다.

업무관리에 효율적으로 지식을 공급하고 효율적으로 결단을 내리도록 촉구한다는 관점에서 메모를 작성하는 것이다. 메모의 스타

일도 통일시켜, 누락 결손을 방지하고 사람에 따라 초점이 흔들리는 것(blurred, 핀트가 안 맞는 초점불량)도 방지한다. 정해진 양식에 맞춰진 보고서는 그걸 모아들이는, 즉 보고서를 받아 읽는 관리자에게 유의미한 문건이 된다.

> 메모는 그 메모를 읽는 사람이 단박에 간단히 알아볼 수 있도록 효율적으로 쓰는 것이 중요하다.

신입직원 때는 꽤나 어려운 작업이었다. 한두 번 다시 작성하는 건 당연한 일이었고, 이런저런 지시를 받고 다시 보고서를 수정해 가는 동안 원래 자신이 작성한 문장은 전혀 남아 있지 않게 되는 경우도 P&G에선 흔히 있는 일이다. 신입직원에게 메모 작성으로 고생을 시키는 게 시간낭비처럼 여겨지기도 하지만 그런 메모 작성 습관을 처음에 익히는 게 중요하며 결국 그게 효율적이다.

메모는 그 메모를 읽는 사람이 단박에 간단히 알아볼 수 있도록 효율적으로 쓰는 것이 중요하다. 그 중요성을 배우기 위해 메모 작성 스킬에 관한 연수도 마련되어 있다. 내가 주니어였던 시절에는 이 연수 프로그램이 없었으나 나중에 마련되었다.

이 연수에 자문위원으로 참가해서 수강자들에게 내 경험을 얘기하고 질의응답을 통해 유효성을 이해할 수 있도록 지원하기도 했다. 참가자는 실제로 몇몇 사례를 토대로 메모를 작성하고 첨삭지도를 받으면서 좋은 메모란 어떤 것인지를 배운다.

신입직원보다는 주니어급으로 일상 업무 과정에서 메모를 몇 번 써본 경험이 있는 직원들을 대상으로, 주니어 직급의 직원들을 대상으로 한 연수였으며, 일종의 복습을 함으로써 스킬을 정착시키려는 노림수가 있었다.

● 좋은 메모를 모방하라

세미나에서 배우는 것은 다른 사람이 쓴 좋은 메모를 참고하라는 것이다. 예를 들어 신제품의 발매 승인을 얻기 위한 마케팅 계획이 있다고 하자. 주요 사항은 사전에 팀원들과 확인을 해두고 정식문서인 기획안을 완성하게 된다. 그런데 역시 한 페이지에 다 들어가지 않아서 몇 페이지가 되고 만다.

뭔가 새로운 브랜드나 아이템을 도입하기 위한 기획안은 경험이 없으면 좀체 쓸 수가 없다. 같은 경험을 한 상사가 과거의 메모를 참고하라며 준 적도 있다. '나도 나중에 이런 메모를 쓰고 싶다'고 느꼈던 좋은 메모는 따로 챙겨놓고 자기 나름대로 좋은 메모 파일을 만들어서 여차하면 베껴 쓸 준비를 해두었다.

마치 습자를 배울 때 글자본을 덧대고 쓰듯이 구성이나 문장 가운데 쓸 만한 게 있으면 그대로 베껴 썼다. 그러나 자기가 하고 싶은 것을 정당화하는 이유를 대려면 독창적으로 생각하지 않으면 안 된다. 뭐든 모방한다 해도 그리 쉽게 되지는 않는다. 그러고 나서 그걸 다 익히면 글자본 역할을 했던 좋은 메모는 버리고 양질의 메모를 쓸 수 있도록 노력했다.

예전의 좋은 메모를 끌어내어 그 구성을 흉내 내거나 논리적 전개를 모방함으로써 효율적인 작성요령을 배우고 완성시킬 수 있었다. 써본 적도 없는 메모를 처음부터 고안해내는 데 시간을 낭비하는 건 쓸데없는 짓이라 생각했다. 모방은 많이 할 일이지 부끄러워할 일은 아니다.

고스란히 베끼고 말이나 조금 바꿔 넣는 얕은 수를 쓰면 금세 들통 나기 십상이므로, 그 점에서는 역시 나름대로 자기다운 메모가 되도록 상황을 확실히 파악하고 응용하지 않으면 안 된다. 상사로부터 생각이 얕다고 지적을 받기도 하고, 몇 번이고 고쳐 쓰라는 말을 듣기도 했다.

갓 입사를 했을 무렵엔 상사가 출장에서 돌아오면 영어가 그리 능숙하지 않았던 상사를 위해, 실제 출장을 가지도 않았던 내가 무던히도 많은 출장 보고서를 대필했다. 상사가 간단한 메모만 했기 때문에 그 메모와 결론 등을 맞춰보고 보고서를 작성했다. '도대체 어째서 내가 이런 일을……' 하는 생각도 당시에는 했지만, 메모를 작성하는 데 좋은 훈련이 됐다(그러나 별로 권하고 싶은 훈련법은 아니다).

좋은 메모의 이용은, 예컨대 어린 시절 처음 자전거를 배울 때 바퀴 옆에다 보조바퀴를 다는 것과 같은 이치다. 경험이 적을 때는 긴요한 것이지만 메모 쓰는 일이 능숙해지면 좋은 메모에 의존하지 않고도 척척 쓸 수 있게 되고, 자신의 스킬이 올라갈수록 더욱 품질 좋은 메모가 필요해진다.

말하듯이 작성하라

브랜드 매니저가 되기 전이었던 주니어 시절에 나는 먼저 "프레젠테이션 해봐요"라는 얘기를 들었다. 그리고 프레젠테이션이 끝나자 "지금 말했던 것처럼 쓰면 된다"는 말을 들었다. "프레젠테이션 했던 방식과 메모가 일치하면 된다고 봐요." 상사는 그렇게 말했다.

머릿속의 생각이 모아지지 않으면 아무리 오랜 시간을 매달려도 지지부진하게 글이 써지지 않는 경우가 흔히 있었다. 그래서 메모 작성을 해야 할 때는 특히 긴장했던 기억이 난다.

상사에게 프레젠테이션을 할 때 일정한 시간 안에 전달하지 않으면 안 되는 상황에 몰렸을 경우 말해야 할 사항이 압축적으로 정리되면서 의외로 말이 잘 진행된 경우가 있었다. 그렇기 때문에 앞서 "프레젠테이션 했듯이 메모로 만들어보라"는 어드바이스를 한 것이다.

또 어떤 경우는 그 반대로, "썼던 것처럼 말하면 된다"는 말을 듣기도 했다. 메모라는 건 목적이 있는 문건이어서 '무엇에 대한 승인을 받고 싶다'거나 '예산이 얼마 든다'고, 순서에 맞춰 양식화되어 있는 것을 이용할 수 있다. 프레젠테이션의 흐름도 동일하기 때문에 "메모를 쓰듯이 말하세요"라는 말을 듣는 것이다.

얼핏 상반되는 듯이 보이지만 요컨대 상대방의 마음에 변화를 일으키기 위해 무얼 말해야 할지 프레젠테이션 하기 쉬운 쪽으로 조립되는 두뇌구조로 바뀌어간다는 얘기다. 프레젠테이션이든 메모든 둘 다 어떤 프로젝트에 대한 이해를 얻기 위해 하는 것이므로 동일한 논리로 밀고 나가는 게 좋다. 애기를 하면서 메모도 할 수 있게 된다.

> 📝 메모를 작성하는 능력은 전략적인 사고가 발달하면 간단히 늘지만, 반대로 메모를 작성하면서 전략적인 사고능력이 발달하기도 한다.

그렇게 몸에 배면 프레젠테이션에 자유재량 능력이 생겨나고 연출을 하는 여유까지 생긴다. 메모한 틀에서 크게 벗어나지만 않으면 연출을 가미하여 상대방이 알아듣기 쉽게 하고 효과도 높일 수 있다.

신입직원일 때는 준비한 대로 프레젠테이션 하는 것만으로도 눈코 뜰 새가 없었다. 나름의 대본을 착실히 만들고, 암송하고, 리허설을 했다. 바로 위의 상사가 리허설을 함께 해준 적도 있다. 준비했던 양만 얘기한 때도 있었고, 도중에 질문이나 코멘트가 있기도 했고, 얘기가 옆길로 샜을 때는 좀체 원래 자리로 돌아가지 못하는 등 패배감을 맛본 적도 있다. 이것저것 현장경험을 쌓아가는 게 중요한데, 상대가 상당한 지위의 매니저이기라도 하면 쓸데없이 긴장한 적도 종종 있었지만 점차 익숙해져갔다.

메모를 작성하는 능력은 전략적인 사고가 발달하면 간단히 늘지만, 반대로 메모를 작성하면서 전략적인 사고능력이 발달하기도 한다. 메모를 쓰면서 이해가 깊어지고, 여러 가지 부족한 것들이 눈에 띄게 되기 때문이다.

● 파워포인트에도 함정은 있다

프레젠테이션의 도구로 파워포인트를 이용하면 편리한데 이 도구를 사용할 때는 주의해야 할 사항이 있다. 개인 컴퓨터로 하면 너무나도 간단하게 처리할 수 있기 때문에 메모 내용을 전부 파워포인트에 집어넣는 경우를 흔히 볼 수 있다. 프레젠테이션과 메모는 동일한 논리로 구성해놓는 게 효율적이지만, 그렇다고 메모 그대로 프레젠테이션에서 사용하면 효과적인 프레젠테이션이 될 수 없다.

프레젠테이션을 할 때는 필요한 부분에서 얼마나 주의를 끌어낼 수 있느냐가 중요하다. 엄선된 정보를 보기 쉬운 간격으로 배치하고, 거기에 말을 덧붙여 설명한다. 메모에 적었던 걸 몽땅 복사해서 붙여넣기를 한 다음 보여주면 글자도 작아지고, 중요한 사항이 중요치 않은 것들 속에 묻혀버려서 보는 사람 입장에서는 도무지 보고 싶은 마음이 생기지 않게 된다.

이런 단순한 부분에서 의외로 많은 사람들이 걸려 넘어지고 있다. 컴퓨터 기술이 발달해서 간단하게 프레젠테이션 자료를 만들 수 있게 되었다. 하지만 무엇이든 필요한 게 있으면 금세 수정할 수 있다고 해서 정보를 취사선택하지 않고 안이하게 처리해버리는 건 피하는 게 좋다.

● 형식적인 회의록은 필요 없다

또 회의 내용을 시간대별로 기록한 소위 '회의록'이라는 것도,

P&G를 떠난 다음 다른 일본 회사에서 일하면서 겪은 당혹스러운 관행들 가운데 하나다. 발언 내용을 일일이 기록한 회의록보다는 신속한 조처를 촉구하는 메모가 조직으로서도 효과적이고 생산성을 높일 수 있다. 현상에 대해 서로 얘기하고 문제점과 찬스를 철저히 찾아내어 재빨리 조처를 취할 필요가 있는 긴급성 높은 사안일 경우(대개의 기업 활동이 그렇다)에는 더욱 그렇다.

P&G에서 배운 것은 누가 되었든 회의를 주최한 사람이 2~3일 안에 회의 내용 요점을 제출하도록 하는 것이다. 그것은 회의에서 결정한 조처나 보류 사항, 마감시한 등을 써놓은 것이다. 빠를 때는 24시간 이내에 작업을 완료했다. 영어로 쓰기 때문에 존칭어를 쓸 걱정도 없지만 어쨌든 요점만 작성한다. 형식이 아니라 내실을 기하는 문서는 그래야 한다.

● 커뮤니케이션 능력은 사람을 움직이는 힘

커뮤니케이션 능력은 사람을 움직이는 힘이다. 움직인다는 건 심리적인 의미와 물리적인 의미 모두를 포함한다. 업무상 무언가를 시작할 때, 제안서나 보고서를 쓰고 그것으로 상대방을 설득한다. 상대방이 납득할 수 있도록 만들어야 한다. '도와주면 예산을 내어 주겠다'는 마음을 먹게 하거나, 행동을 유도해내거나, 공감을 만들어내거나, 감동을 이끌어낼 필요가 있다.

자신의 생각을 전달해서 상대방에게 영향을 끼치고, 상대로부터

> 메모 작성은 그 문서 하나로 결단을 하게 만드는 도구이다. 읽는 상대의 기분에 변화를 일으키는 것에 의미가 있다. 변화를 일으키지 못하면 아무런 의미가 없다.

어떤 조처를 이끌어낼 수 있는 것이 커뮤니케이션 능력이다. 일방적으로 정보를 발신하는 것이 커뮤니케이션 능력의 전부가 아니다. 상대방이 한 사람이든 다수의 사람이든 마찬가지다.

1:1 대화에서는 장황하게 늘어놓을 수도 있고, 오늘은 여기까지, 또 다음에 만나 얘기합시다라고 얘기하는 경우도 있으나, 메모 작성은 그 문서 하나로 결단을 하게 만드는 도구이다. 읽는 상대의 기분에 변화를 일으키는 것에 의미가 있다. 변화를 일으키지 못하면 아무런 의미가 없다.

메모 작성 작업에 과도한 시간이 걸려서도 안 된다. 신속하고 간결하게 쓸 필요가 있다. 메모는 전달했을 때 의미가 있는 것이지 쓰고 있을 때는 그만한 의미를 갖지 못하기 때문이다. 따라서 신속하게 쓰기 위해서는 한쪽만으로 족하다는 룰이 있는 것이다.

● 영업현장부터 파악하라

어시스턴트 브랜드 매니저 시절, 브랜드 매니저가 되기 위한 연수과정으로 4개월간의 영업연수를 받았다. 소속을 아예 영업부로 옮기고 일정 기간 영업직 직원으로 실제 영업현장 체험을 하는 훈련이었다.

P&G에서는 브랜드에 관한 주요 계획을 마케팅 부서가 담당한다. 영업전략이나 플랜도 마케팅 부가 영업담당 플래너의 의견을 반영하면서 계획한다.

나는 영업에 대한 실제 체험을 하기 전에는 도매점이나 매장 등 영업현장을 잘 모른 채 마케팅 플랜을 짰던 것이다(물론 선배나 영업담당 플래너에게서 배워가면서 계획을 세웠지만). 그렇기 때문에 일단 마케팅 기초를 경험한 연후에 현장을 이해하기 위해 영업연수를 하는 것이다. 마케팅 경력 서열로는 브랜드 매니저 밑에 스태프가 있었기 때문에 영업연수에 참가할 수 있게 된 걸 알고는 몹시 기뻐했던 기억이 난다.

당시 P&G의 영업은 자사 제품을 도매상에서 좀 더 많이 구입하도록 만들거나 신상품과 캠페인 안내를 위해 소매점을 도는 일이었다.

마케팅 부서로서는 마케팅을 우선 경험한 뒤 다음 단계로 영업을 경험하는 순서가 대단히 중요했다. 신입직원 때부터 소비자에게 초점을 맞춘 여러 마케팅 업무를 담당하면서 소비자 중심의 관점에서 마케팅이 뭔지를 배울 수 있기 때문이다.

일본 업체에는 신입직원이 영업부터 시작해서 경력을 쌓은 다음 다른 부서로 옮겨가는 시스템이 많은 듯하다. 물론 고객을 이해하고, 영업현장의 고충을 이해할 수 있는 장점은 있다. 그러나 그런 경우의 고객이란 당연히 유통망interface인 도매점과 전국에 산재한 소매 체인 등이다. 따라서 몇 년간 그 일만 하게 되면 아무래도 유통 중심의 관점에 사로잡히기 쉬워 소비자 눈높이의 관점에 익숙해지기 어렵다.

P&G는 그 때문에 부문별 직원모집을 하고 있는데 부문마다 전문성을 높일 수 있는 인재를 구하고 있다. 물론 입사한 뒤에 사내선발제도open job posting를 통해서 타부서 출신이 마케팅 부서로 이동하는 경우도 있으므로 어느 부서에서 오든지 소비자의 눈높이에 맞는 사고방식을 갖고 있지 않으면 안 된다. 이런 점은 절대 물러설 수 없는 사고방식이다. 그렇게 해서 타부서에서 쌓은 경험과 새로운 마케팅 경험을 통해 새로운 하이브리드(hybrid, 잡종) 유형의 인재가 육성되는 경우도 있었다.

● **영업은 설득이다**

이렇게 수개월 동안 영업연수를 하면서 영업이란 무엇인가를 배웠다. 내가 배운 것은, 영업이란 한마디로 설득하는 것이다. 상대방의 말대로 하는 것이 아니라 상대방을 설득하는 것이었다.

영업연수에서는 자기가 맡은 브랜드를 다룰 때 마지막까지 연마한 자신의 플랜을 가지고 도매상으로 갔다. 하지만 이젠 자기가 담당한 브랜드만 파는 게 아니라 P&G 전 제품을 다뤄야 하기 때문에 여러 가지를 고려해야 한다. 여타 브랜드의 기획은 지점회의에서 발표되는 내용을 듣고 익히는 수준이고, 영업은 본사의 플랜을 듣고 이해하는 데서 시작하는 것이라 생각했다. 그리고 자신의 담당 부문 상황에 맞추어 각각의 판매계획을 짰다.

지금은 콤팩트 한 포장이지만 당시의 세제는 2킬로그램 남짓한 커다란 상자로 포장돼 있었다. 상자에다 4~5개를 넣어 무게가 10킬로그램쯤 나갔다. 거래처에 나갈 때 과장이 "자네, 이것 들게"라고 하면 나는 양손으로 그걸 껴안고 가곤 했다. 무겁고 큰 짐을 안고 영업하는 게 물론 힘들긴 했으나 여성이라고 봐주지 않았던 당시의 과장은 대단한 양반이었다. 심술을 부려서도 아니고 특별취급을 한 것도 아닌, 어디까지 네가 할 수 있나 보자 하는 식이었던 것 같다.

단기간 연수가 끝나면 다른 부서로 갈 것이라는 걸 알고 있는 나에겐, 별로 중요하지 않은 고객이 배정되거나, 주문이 뜸하게 들어오는 곳, P&G에 거부감을 지닌 상대를 배정했다. 그런 경우에는 실제로 매출 수치를 끌어올리기보다 영업물류, 정보의 흐름을 파악하면서 학습하는 게 중요하다.

본사에서 기획한 플랜을 활용하고, 상대방의 비즈니스 상황에 맞춰 설득작업에 도전하는 나날이 이어졌다. 물론 영업경험이 적은 내가 금세 주문을 받을 수는 없었고, 결과로 이어지지 않는 미숙함으로 인해 좌절감은 높이 쌓여만 갔다. 영업 차원에서는 빵점 수준이었지만 설득의 프로세스에 몸담은 이 체험이 내게는 몹시 소중한 자산이 되었다.

영업에서는 매달 중순과 월말에 지점별 회의와 과별 회의가 있었는데 나는 4개월의 연수 기간 동안 여덟 차례 열리는 이 회의를 어떻게 활용할까 고민했다. 모처럼의 기회이니만큼 뭔가 기억에 남는 일, PR 효과가 있을 법한 일을 해보자고 생각했다.

> 🌙 플랜을 세울 때도 영업현장을 상상하면서 최상의 플랜을 작성할 수 있었다. 현실적인 플랜이 아니라, 소비자가 제품을 더 잘 알고, 좀 더 많이 사고, 더 많이 사용하도록 혁신적인 플랜을 고안해내는 데 현장상황을 안다는 게 도움이 된 것이다.

원래 그런 타입은 아니지만, 나는 매번 케이크를 구웠다. 치즈케이크나 미니사과로 만든 애플파이를 만들었다. 그리하여 오사카 지점 제1영업소에 히로코가 만든 케이크도 있다는 얘기가 화젯거리가 되고, 말을 걸어오는 사람도 생기게 되었다. 이후 나는 제너럴 매니저로, 그리고 부사장으로 승진했지만 그때를 아는 사람들은 그리운 듯 회상하곤 한다.

영업연수는 불과 4개월 동안이지만 나에겐 매우 큰 의미로 남았다. 예전과 달리 플랜을 세울 때도 영업현장을 상상하면서 최상의 플랜을 작성할 수 있었다. 현실적인 플랜이 아니라, 소비자가 제품을 더 잘 알고, 좀 더 많이 사고, 더 많이 사용하도록 혁신적인 플랜을 고안해내는 데 현장상황을 안다는 게 도움이 된 것이다.

4개월 동안 지점 직원들과 시간을 함께 보내면서 인적 네트워크가 넓어져 궁금한 사항마다 부담 없이 전화로 물어볼 수 있게 돼 큰 도움을 받은 적도 많았다.

● 제품에 대한 사내 관심도를 높여라

영업연수의 효과는 금방 나타났다. 어시스턴트 브랜드 매니저였던 시절부터 3년에 걸쳐 담당했던 '약용비누 뮤즈'는 주요 브랜드에 비해 사내외의 관심도가 낮은 상품이었다.

벤처 합작으로 시작한 P&G 일본법인의 당시 파트너 기업에서 들여온 일본 독자 브랜드 약용비누 뮤즈는 '전온도 치어'라는 세제나 '팸퍼스'라는 종이 기저귀 등의 글로벌 브랜드들에 비해 사내외의 주목도가 낮았다. 당연히 영업예산은 적었고, 영업 주목도도 낮았다. 소비자의 눈길을 끌기 위해서라도 먼저 사내에서 관심을 갖고 적극적으로 다루도록 만들어야 했다.

그래서 나는 장기적인 마케팅 계획을 세워 지점 순회를 하기로 했다. 그 무렵엔 각 브랜드 플랜 내용을 1개월 또는 2개월 전에 영업부에 고지하고 있었다. 똑같이 하더라도 팸퍼스 등 사내의 대형 브랜드 임팩트에 대적할 수 없었다. 내 힘만으로는 브랜드 우선순위를 바꿀 수 없는 것이고, 회사의 관점에서도 꼭 바꿔야 하는 것도 아니라는 걸 알고 있었다. 그럼 어떻게 해야 좋을까.

"아무도 1년 계획을 발표하진 않으니까 그렇다면 그걸 한번 해보자."

그리고 지점을 돌면서 뮤즈 비누의 중장기 비전과 전략, 그에 따른 향후 1년 열두 달의 구체적인 마케팅 플랜을 발표했다.

그때까지 영업부는 겨우겨우 타이밍에 맞춰 판촉 플랜을 통보받았다. 그에 대한 불만도 있었다. 나는 마케팅과 같은 것이라고 생각했다. 그런 상황에서 영업직원들을 불만을 느끼는 소비자로 상정하고 그들이 먼저 구입하도록 만든 게 '뮤즈의 영업 플랜'이었다. 불만을 해소할 사내 마케팅을 어떻게 전개하면 좋을지, 시행착오를 거듭한 결과 장기 플랜을 제시하면서 지점을 돌기로 한 것이다. 이런 일은 일단 영업부에 고지를 하면 배신도 낙담도 하지 않도록, 착실하게 실시하지 않으면 안 되는 책임을 떠안게 되는 일이기도 했다.

● 군말 없이 일하는 것도 경험이다

이후 브랜드 매니저가 된 뒤에도 뮤즈 비누를 담당했지만 동시에 최대 7가지 브랜드를 맡았던 시기도 있었다. 그 중에는 도리 없이 판매중지close 할 수밖에 없었던 브랜드도 있었고, 곤란한 시기가 이어지기도 했다.

"어째서 이런 것만 밀려드나 싶은 생각, 한 적 없으세요?"라고 묻는 소리를 들은 적도 있었고, 물론 어려운 상황이다 싶은 인식은 있었지만 싫다는 의식은 없었다. '군소리 없이 할 수밖에 없다'는 마음이었다.

내게도 규슈 사람의 피가 흐르기 때문에 나 역시 일이 떨어지면 '싫다'는 말을 하지 못한다. 인력은 지원해주지 않지만 예산은 확보돼 있고, 상사가 한번 해보라고 하는 상황에선 어쩔 수 없었다.

돌아보면 나중에 마케팅 매니저 자리에 올라가서 전혀 다른 분야의 여러 브랜드를 맡기도 했기 때문에 브랜드 매니저 시절의 그런 경험이 내게는 큰 도움이 됐다.

🌑 부모와 상사가 언제까지나 곁에 있을 것으로 생각하지 마라

무슨 일이든 입만 열면 불만을 쏟아내는 것과 관련해 한마디 한다면, "부모와 상사가, 언제까지나 곁에 있을 것으로 생각하지 마라"는 것이다.

회사 내의 인간관계가 매끄럽지 못한 사례로 상사와의 호흡이 때때로 문제가 되지만 좋아하는 상사든 싫어하는 상사든 금세 사라진다. 싫은 사람은 눈엣가시지만 어쨌든 떠나거나, 내가 다른 부서로 이동하게 마련이다. 반대로 배우고 싶은 점이 많아서 영영 곁에 있었으면 하는 좋은 상사도 어느새 자리를 떠나고 만다.

부모님도 마찬가지다. "효도하고 싶을 때는 이미 이 세상에 부모는 없다"는 격언대로, 자신을 낳아 키워준 어버이에게 평소에 감사하도록 해야 한다. 상황을 바꾸려고 구체적으로 움직인다면 방법이야 얼마든지 있다. 그래도 해결이 안 될 경우에는 이 말을 기억하기 바란다.

The Procter & Gamble Company

제2장

크는 직원만 있으면 된다
— 브랜드 매니저에서 마케팅 매니저가 되기까지

1. 인재양성, P&G의 주요 과제

🌑 부하직원을 키우다

어시스턴트 브랜드 매니저 자리에 올랐을 때, '약용비누 뮤즈'와 '미쓰와 비누'를 맡았는데, 상사인 브랜드 매니저 자리가 공석인 상태가 이어졌다. 다행인지 불행인지 몰라도 그 때문에 사실상 브랜드 보스가 되어 움직일 수밖에 없었다. 결국 영업연수를 마치고 돌아온 반년 뒤에는 브랜드 매니저로 승진했다.

P&G에서는 브랜드 매니저가 돼 한 가지 브랜드를 총괄 처리할 수 있어야 비로소 한 사람 몫을 하는 걸로 인정받는다. 입사한 지 3년 반 만에(그것도 다른 사람보다 한 등급 낮은 레벨에서 출발) 브랜드 매니저가 된 건 이례적인 승

> ❝ P&G에서는 브랜드 매니저가 돼 한 가지 브랜드를 총괄 처리할 수 있어야 비로소 한 사람 몫을 하는 걸로 인정받는다.

진속도였다. 브랜드 스페셜리스트 시절에는 직책 이상의 일까지 떠안을 수밖에 없는 상황이 계속됐지만 돌이켜보면 그때마다 '해주면 될 거 아니야' 하고 분발했기에 다음 계단으로 빨리 오를 수 있었던 것 같다.

> ❝ P&G에서는 매니저급 이상의 업무능력을 평가할 때, 비즈니스 성과만 보는 게 아니라 부하직원 훈련에도 똑같은 비중을 둔다. 즉, 담당 브랜드를 성장시켜 매출을 올린다고 해도 데리고 있는 부하가 전혀 성장하지 못하면 절반밖에 평가를 받지 못한다.

브랜드 매니저가 되면 브랜드의 운영 외에도 큰 책임이 요구된다. 그것은 바로 부하직원의 양성이다. P&G에서는 매니저급 이상의 업무능력을 평가할 때, 비즈니스 성과만 보는 게 아니라 부하직원 훈련에도 똑같은 비중을 둔다. 즉, 담당 브랜드를 성장시켜 매출을 올린다고 해도 데리고 있는 부하가 전혀 성장하지 못하면 절반밖에 평가를 받지 못한다(실제로는 양쪽이 연동돼 있지만).

인재양성에 이토록 비중을 두는 건 그리 쉬운 일은 아니겠지만, 이런 점이 P&G가 P&G다운 이유다. P&G의 인사 시스템은 모두 내부 승진으로 이뤄진다. 이런 방침이 있는 이상 사람을 키워야만 P&G의 생명이 미래로 이어질 수 있다. 같은 의식을 가진 사람들의 집합체인 P&G가 유지되고, 그 결과 비즈니스도 번창하는 것이다.

현재와 비교해서 내가 브랜드 매니저로 승진했던 시절, P&G재팬의 인재양성 시스템은 결코 정비돼 있진 않았다. 그래도 인재교육에 대한 회사의 높은 의식은 처음부터 느낄 수 있었다.

뒤에 다시 설명하겠지만 내부 승진에 신경 쓰는 자세나 질 높은 OJT, 거의 매년 내용이 개선되는 트레이닝 시스템 등 구호만으로 끝나지 않는 회사의 진정성이 직원들에게 전해진 결과, 일찌감치 사람을 키우는 일과 자신의 성장에 대한 높은 의식을 가질 수 있었던 것이다. 인재양성이 P&G에서 가장 중요한 과제라는 인식은 예나 지금이나 흔들림 없이 이어지고 있다.

스스로 성장하라

P&G에서는 갓 입사한 신입직원에서 CEO까지, 전원이 빠짐없이 매일매일 성장을 요구받는다. 몇몇 우수한 인재가 회사를 운영하면 된다는 생각은 없다. 되든 안 되든, 그리고 성장속도도 사람마다 제각각이지만 모두가 성장하도록 요구받고 훈련받은 결과 확실히 성장했다.

생각해보면 예상치 못한 사태나 브랜드 수 증가, 해외 전근 등으로 회사 내 인재가 부족해질 가능성은 늘 있다. 직원이 그만둘지도 모르고, 다른 브랜드에게 추월당할지도 모른다. 그런 이유들이 있기에 인재는 매니저 전원이 나서서 키울 필요가 있고, 인재 재고를 풍부하게 해두려 한다.

일 잘하는 사람을 일컬어 "없어서는 안 될 존재", "그(또는 그녀)가 없으면 저 부서는 돌아가지 않아" 등의 표현을 하지만 조직의 입장에서 보면 결코 바람직한 일이 아니다.

부하직원을 소중히 하는 것은 좋지만, 이른바 '아이 키우기' 식의 상태가 되는 건 피해야 한다. 자신의 서포터가 되도록 만들고, 파벌이 형성되어 어미거

> 일 잘하는 사람을 일컬어 "없어서는 안 될 존재", "그(또는 그녀)가 없으면 저 부서는 돌아가지 않아" 등의 표현을 하지만 조직의 입장에서 보면 결코 바람직한 일이 아니다.

북이 넘어지면 새끼들이 넘어지듯이 되기 때문이다. '저 사람'을 따르는 사람으로 간주돼 갈 곳이 없어지는 파벌 형성의 조직은 능력 있는 인재를 일관되게 배출할 확률이 낮다.

조직 확대의 스피드를 중시한 나머지 자신의 힘으로 인재를 키우지 못하고 주요 직책을 헤드헌터를 통해 채우는 회사도 있다. 당연히 외부에서 스카우트한 인재에게는 당장 활용할 전투능력을 기대하기 마련이다.

눈앞의 결과를 추구한 나머지 장기적인 전략에 맞지 않은 단기적인 대응을 할지도 모르고, 전에 있던 회사에서 잘 통하던 사람을 데려올 수도 있다. 원래 근무하던 직원의 입장에서 보면 새 보스가 나타나 어떤 사람인지도 모르는 사이에 어느 날 새 보스가 데려온 사람들이 늘어나면서 하나의 팀으로 뭉치기 어려운 상황이 되기 십상이다.

내부 승진, 능력신장의 기회

P&G에서는 철저한 내부 승진제를 택한다. MBA 출신자도 많이

채용하지만 모두 밑바닥에서부터 시작한다. 연공서열제가 아니므로 물론 우수한 인재는 현저한 실적을 쌓아 빠른 속도로 점점 높은 자리에 오르기도 한다.

역대 CEO들도 예외 없이 이런 경로를 밟아 내부 승진을 통해 올라간 사람들이라는 게 자랑거리이기도 하다.

내부 승진제도란 결국 인재를 자기부담으로 키워 승진시키는 것인데 좋은 의미의 긴타로 사탕金太郞飴* 방식이다. 어디를 잘라도 한결같은 문양이 나타나는 긴타로 사탕은 획일적인 인상을 주기 때문에 일본에선 그다지 좋은 의미로 사용되진 않지만, P&G적인 긴타로 사탕은 오히려 강점이다.

획일적이라기보다는 훌륭한 인재를 두루 갖추고 있다는 의미다. 직원들 개성은 존중하되 회사에서 요구하는 스킬을 익혀가야 한다. 창의성과 유연성도 중요하게 여긴다. 예컨대 P&G는 엄청나게 넓은 사파리 공원 같은 회사라서 비전이나 전략이라는 울타리는 있되, 그 안에서는 폭넓은 자유를 누릴 수 있도록 설정돼 있다.

매니저는 당연히 여러 타입의 인재들을 부하직원으로 거느리지만 그들 모두에게 능력신장의 기회를 제공해주도록 노력해야 한다. 그러나 부하직원 각각의 개성을 인정하고, 업무에 필요한 스킬을

---

* 역주) 엿처럼 생긴 막대사탕. 중심에 아이 얼굴(긴타로)이 심으로 박혀 있어서, 다 잘라 먹을 때까지 단면에는 계속 똑같은 긴타로 얼굴이 나온다. 겐로쿠元祿시대(1688~1704) 때 빨강 파랑 흰색 심을 넣어 만들던 막대사탕의 변형인데, 오늘날은 도요타나 혼다 등이 회사이념에 맞춰 '긍정적 직원'을 천편일률적으로 양산하는 것을 비유한다.

가르쳐서 영업성과를 낼 수 있도록 이끌어가는 건 꽤나 힘든 일이었다.

● 고기 잡는 법을 가르쳐라

신입직원 훈련을 입사 2년차 또는 3년차 선배직원이 맡고 있는 회사가 적지 않지만, P&G에서는 인재양성을 중요시하는 만큼 마케팅 부서와 같은 데서는 브랜드 매니저급 이상의 선배직원이 아니면 신입직원의 트레이닝을 맡기지 않는다. 트레이닝 자격이 없다고 여기는 것이다. 나 역시 입사해서 브랜드 매니저가 될 때까지 상사인 브랜드 매니저와 상사의 상사인 마케팅 매니저에게 일반적인 트레이닝을 받았다.

트레이닝의 기본은 OJT를 통해서 이뤄진다. OJT는 어느 기업에서나 하고 있지만, 그 질적인 차이 때문에 결과가 크게 달라진다.

트레이닝에 관해서 나는 매니저 자리에 오른 뒤 비로소 부하직원 육성을 시작한 터라, 그때까지 해왔던 업무와는 전혀 다른 스킬이 필요하다는 걸 알았다. 좋은 상사와 좋은 트레이너를 병행해야 하기에 새로운 노력이 필요했다.

내가 배운 것은 가르치는 사람이 목표를 어느 정도로 의식하면서 어드바이스를 할 수 있느냐 하는 것이다. 말하자면, '배고픈 사람에게 물고기를 주는 게 아니고 물고기 잡는 방법을 가르친다'는 것이다. 단순히 업무 하나를 미주알고주알 가르치는 게 아니라 같은 경우나 약간 다른 경우에 따라 응용력을 발휘하여 대응할 수 있어야 '성장했다'는 평가를 받을 수 있기 때문에 가르치는 사람도 미리 의식하고 있어야 한다.

교육을 돕는 트레이닝 지침서가 있었다. 내가 브랜드 매니저이던 시절에는 먼저 이 지침서를 늘 한 손에 들고 다니면서 부하직원 트레이닝을 시작했다. 물론 부하직원이 하는 일은, 얼마 전까지 해오던 일이었으니 기억을 더듬어서 전해줄 수도 있지만 자신이 체험한 수많은 경험을 일일이 이해하고 머리에 기억해두는 사람은 흔치 않다.

이 트레이닝 지침서에는 주로 주니어 시절에 익혀둬야 할 스킬, 브랜드에 대한 이해부터 시작하는 마케팅 업무의 단계, 익혀둬야 할 업무내용, 목표로서 언제까지 그 일을 경험할 것인가 등의 내용이 들어 있다. 단순히 시계바늘 돌아가는 순서에 맞춰 지도하는 게 목적이 아니라, 자신이 담당하는 브랜드 상황에 맞춰 신입에게 어떤 일을 줘야 할 것인지 계획하기 위한 지침서였다.

또한 연수가 쌓이면 필요한 스킬이나 업무의 추가, 새로운 정의 구축 등으로 트레이닝 내용 자체도 개선되어간다. 따라서 내가 받지 못했던 트레이닝을 제공하는 데 도움이 되기도 했다.

모든 브랜드 매니저가 똑같은 경험을 하면서 그 자리에 오르는 것은 아니기 때문에 각각의

> 단순히 업무 하나를 미주알고주알 가르치는 게 아니라 같은 경우나 약간 다른 경우에 따라 응용력을 발휘하여 대응할 수 있어야 '성장했다'는 평가를 받을 수 있기 때문에 가르치는 사람도 미리 의식하고 있어야 한다.

경험으로 채울 수 없는 사항은 트레이닝 지침서의 도움을 받는다.

● 가르치면서 성장하라

물론 현실에서 말하기는 쉬우나 행하기는 어렵다. 사실 나 역시도 브랜드 매니저 시절에 부하직원을 키우는 일은 상당히 부담스러웠다.

당연한 일이지만 그때까지 전혀 해본 적 없는 일을 하나씩 부하직원에게 해보게 한다는 건 요령을 모를 경우 차라리 내가 하는 편이 빠르겠다 싶어 좌절감을 느끼기도 했다. 브랜드 매니저가 어시스턴트 업무를 할 수 있는 건 당연한 일이었고, 부하를 지도하면서 자신도 동등하거나 더 나은 결과를 낼 수 있도록 하는 게 상사의 역할이다.

'내가 하는 편이 빠르겠다' 싶은 생각은 브랜드 매니저가 된 직후에 느끼게 되는 전형적인 좌절감이다. 그런 생각을 극복하지 않으면 훌륭한 트레이너가 될 수 없는데 나는 처음부터 거기에 걸려든 것이다. 3년 남짓 고속 승진으로 브랜드 매니저가 됐기에 자신감을 갖고 있었고 신입직원에게도 과도한 기대를 걸고 있었다.

P&G에서는 부하를 키워내지

> ❝ 브랜드 매니저가 어시스턴트 업무를 할 수 있는 건 당연한 일이었고, 부하를 지도하면서 자신도 동등하거나 더 나은 결과를 낼 수 있도록 하는 게 상사의 역할이다.

못하면 평가 피드백 과정에서 "당신은 비즈니스 능력은 좋지만, 인재양성 능력은 신통찮군"이라는 지적을 받는다. 나는 부하 육성에 관해 트라우마에 가까운 벅찬 의식을 갖고 있었다. 브랜드 매니저의 트레이닝 능력은 그 상사인 마케팅 매니저나 마케팅 디렉터가 평가한다.

확실한 성과를 내지 못하면 브랜드 매니저보다 윗자리로 올라갈 수가 없다. 그걸 알고 있었던 만큼 어찌해서든 분발해서 부하를 키워보고자 마음을 먹었다. 브랜드 매니저로선 부하를 훈련시키는 것 자체가 자신을 훈련시키는 것이기도 했지만 그 수준까지 도달하는 건 먼 여정이었다.

이후 내가 '위스퍼' 브랜드로 이동했을 때는 신입직원인 부하가 들어와서 완전히 백지 상태에서 트레이닝을 시켰던 경험을 했는데, 그것을 통해 사람을 키우는 일에 대한 각오를 다질 수 있었다. 또한 사내의 강사를 맡게 되어 트레이닝 기술을 연마했는데, 정신을 차리고 보니 어느새 많은 우수 인재들을 부하로 키울 수 있게 되었다.

P&G에서는 교육연수를 하는 강사도 대부분이 매니저급 이상의 직원이 맡는다. 세계 각지에 흩어져 있는 P&G를 돌며 세미나를 하는 강사진도 있지만, 대개는 각 지역에 있는 매니저들이 분담해서 강사 역할을 맡는다. 이는 P&G의 독자적인 방법론을 외부 강사가 가르칠 수 없기 때문이다. 한편, 가르치는 행위 자체가 매니저 진용을 강화하는 방법이기도 하다.

내 경험으로 미루어보더라도 세미나를 통해 스킬을 가르칠 수 있는 매니저는 그 스킬에 대한 숙련도가 높은 사람이었다. 매니저에게 스킬 습득만 기대하는 게 아니라 강사로서 교육을 맡아주도록 기대하는 것은 그만큼 조직을 더 강화시키는 시스템이다. 가르치는 행위를 통해 숙련도가 더 높아지고, 그것이 한층 더 높은 업무 성과를 가져다주는 것이다.

최고의 프로페셔널이 되기 위한 스킬

P&G에서는 신입직원부터 CEO까지 누구나 익혀야 하는 스킬이 있다. 그 스킬을 평가기준으로 삼도록 명문화한 것이 'What Counts Factors(WCFs)'다. '중요한 요소factor'라는 의미에는 다음과 같은 것들이 포함돼 있다.

- 리더십
- 실행 능력(주도권initiative을 가진다)
- 우선순위에 따른 업무 처리
- 창조creative력
- 타인과의 효과적인 협업
- 전략적인 사고와 문제해결 능력
- 커뮤니케이션 능력

이상이 세계 각처의 모든 직원들에게 요구하는 스킬이다. 직원들의 담당 분야나 지위고하에 상관없이 동일하게 요구되는 스킬이다. 물론 숙련도는 직위가 올라갈수록 더욱 높아질 것으로 기대한다.

이에 더하여 각 부문에 요구되는 '전문 분야의 숙련'이 추가된다. 마케팅 부서의 경우는 브랜드를 키우는 데 필요한 스킬이다. 다른 부문도 마찬가지로 최고의 프로페셔널이 되기 위해 필요한 고유의 스킬이 설정돼 있다. 이러한 스킬은 시대와 시장의 변화에 맞춰 재정비되어간다. 각국마다 따로 하는 것이 아니라 미국 본사의 각 부문 담당자가 세계적인 시각을 갖고 조정해가는 것이다.

현재는 SAWs라는 새로운 기준으로 업그레이드돼 있다(SAWs에 대해서는 제4장에서 상세히 다루겠다).

● '성과'와 '능력개발'로 평가하라

회사나 사업부가 지향하는 방향성에 자신이 어디서부터 공헌할 수 있을지 알게 되면 보람과 의욕이 커질 것이다. 그 때문에 디렉터 직급 이상의 매니저들에게는 전략전개Strategy Deployment라고 부르는, 전략을 조직에 침투시키기 위한 세미나가 준비돼 있다.

회사의 경영전략을 넘겨받은 사업부 전략은 자신이 속한 부문의 플랜을 따로 떼어내고, 또 각 개인은 그 중에서 해야 할 액

> 각 부문에 요구되는 '전문 분야의 숙련'이 추가된다. 마케팅 부서의 경우는 브랜드를 키우는 데 필요한 스킬이다. 다른 부문도 마찬가지로 최고의 프로페셔널이 되기 위해 필요한 고유의 스킬이 설정돼 있다.

선플랜(행동계획)을 분담 받는다. 말이야 간단하지만 실제로 회사 전체의 전략에서 일개 직원의 행동계획까지를 수미일관하게 관철시키는 것은 무척 어려운 일이다.

업무실적에 대한 평가는 '업무와 능력개발계획 Work & Development Plan'이라 불리며, 평가는 몇 개의 중요한 요소들로 구성돼 있다. 제1요소는 자신에게 떨어진 액션플랜에 비추어본 지난 1년간의 업무성과, 제2요소는 다음 해에 자기가 맡게 될 액션플랜에 대한 것, 제3요소는 커리어 개발을 위한 능력 및 기술 개발이다.

여기서 주목해야 할 것은 사업부 전략에서 나온 액션플랜이 직원들 개개인의 수준에 확실하게 맞춰져 있는지에 대한 여부다. 될 수 있으면 업무수행을 촉진시킬 커리어 개발이 가능하도록 WCFs(직원에게 요구하는 스킬을 명시한 사항)에 비추어 장점과 개선점을 확인한다. 그리고 키워야 할 능력과 필요한 연수 계획을 명확하게 짜가는 것이다. 물론 평가과정에서는 상사만이 아니라 부하와 동료 등의 360도 피드백도 반영된다.

업무와 능력개발계획은 자신이 해야 할 업무와 능력개발이 밀접한 관계에 있다는 사실을 보여주고 있다. 이러한 평가의 기회를 통해 직원들이 비즈니스의 성공과 자신의 성장을 상호연관시키도록

> ❝ 업무수행을 촉진시킬 커리어 개발이 가능하도록 WCFs에 비추어 장점과 개선점을 확인한다. 그리고 키워야 할 능력과 필요한 연수 계획을 명확하게 짜가는 것이다. 물론 평가과정에서는 상사만이 아니라 부하와 동료 등의 360도 피드백도 반영된다.

설계돼 있다.

　연간 1회, 소정의 양식으로 우선은 자기평가부터 써넣고 상사와 상의하면서 업무와 능력개발플랜을 완성시킨다. 내가 이를 처음에 했을 때는 업무실적에 관한 자기평가를 어느 정도로 하는 게 좋을지 잘 몰라 과소평가한 면이 많았다. 그래서 상사가 곧잘 '상방 수정'으로 고쳐주었다. 또 장래 희망 커리어에 대해 써넣는 것도 꽤나 용기가 필요한 일이었다. 혼자 힘으로 작성할 수 있을까 싶은 불안감도 있었기 때문에 글로써 명문화하는 걸 주저했던 적도 종종 있었다. 그러나 장래의 커리어에 대한 흥미를 명확하게 붙들어둠으로써 의식이 바뀌고 자신에 대한 책임감이 높아진 것은 확실하다. WCFs에 비추어보면 강화해야 할 능력을 구체적으로 이해할 수 있었고, 그것은 또 그 뒤의 내 성장을 인도해주었다.

　업무와 능력개발계획의 작성방법은 연수를 통해서도 지도하곤 하지만, 몇 년만 해보면 능숙하게 할 수 있다. 몇몇 부하직원은 그 뛰어난 업적에도 불구하고 겸손했던 탓에 과소평가를 받기도 했기 때문에 함께 의논해서 본보기 삼아 내용을 수정해준 적도 있다. 그랬더니 본인들은 "근사한 인재처럼 적혀 있네요. 그래도 업무성적은 내가 낸 거니까 좀 더 자신감을 갖는 게 좋겠다는 거로군요"라는 반응을 보였다. 그 뒤 그들도 그들의 부하에게 같은 방식으로 지도 영역을 넓혀간 것 같다.

　겸손을 미덕으로 여기는 일본인에겐 자기평가를 제대로 하는 일은 뛰어넘어야 할 장애물이다.

● P&G, 일본에서 떠나다?

내가 브랜드 매니저로 올라간 지 2~3년이 된 1980년대 전반에 P&G는 일본시장에서 철수하는 문제를 검토하고 있었다. '전온도 치어'나 '팸퍼스'는 급속도로 침체했고, 긴축계획이라는 명목 하에 마케팅 예산을 삭감하거나, 일본법인에 나와 있던 외국인 매니저를 철수시키던 때였다. 긴축계획이란 철수를 위한 하나의 전술인데 최전선에 있는 부대가 참호에서 적과 맞붙어 싸우는 동안, 뒤에 있던 부대는 철수 라인에 참호를 파고, 완성되면 부대 전체가 거기까지 물러나 방어를 하면서 철수하는 방법을 말한다.

몇몇 비즈니스가 축소되고, P&G가 일본에서 탈출하려 하는 게 아니냐는 소문이 일선직원들 사이에서도 떠돌았다. 그걸 살피던 많은 사람들이 이 시기에 P&G를 그만두었다. 하지만 1985년, P&G는 일본에서 철수한 게 아니라 거꾸로 P&G 극동 주식회사Procter &Gamble Far East, Inc.(이른바 일본지사의 통칭)를 설립했다. 미국 본사에서는 거액의 누적채무를 정리하고, 일본에 몇 개 있던 그룹회사를 하나로 통합했으며, 그때까지의 파트너 기업과도 관계를 청산하고 단일한 일본법인을 세우기로 결단을 내렸다. P&G가 진짜로 일본 땅에 발을 붙이고 제대로 한번 해보겠다고 선언한 것이다.

● 시장을 다시 보다

독자성을 가진 일본이라는 시장의 가능성과 어려움 모두를 통감하고 있던 P&G는 새로운 지역화 체제를 짜서 일본 소비자의 마음에 호소하는 마케팅을 하기로 작정했다.

그때까지 일본 P&G에는 미국 현지의 성공모델을 그대로 직수입하는 경우가 허다했다. TV 광고도 미국 광고를 거의 그대로 내보냈다고 해도 과언이 아니었기 때문에 광고 호감도 조사를 해보면 이따금씩 최악의 광고 10위에 들기도 했다. 하지만 '최악이라도 소비자의 인상에 남기만 하면 좋은 일'이라는 그럴듯한 논리도 횡행하고 있었다.

지금의 P&G라면 있을 수 없는 일이리라. 광고는 기분 좋고 친숙하게 사람들에게 다가가야만 비로소 그 정보가 마음 깊숙이 도달할 수 있다고 배웠기 때문이다.

예컨대 전온도 치어 제품은 미국에서 방영된 광고버전 그대로 '찬물·미지근한 물·뜨거운 물, 어떤 온도에서도 사용할 수 있습니다'라는 게 메시지였다. 미국의 세탁기는 자동으로 온수가 나오기 때문에 '모든 온도'에서 쓸 수 있다는 사실이 소비자에게는 큰 메리트가 되지만, 일본에서는 찬물이나 쓰고 남은 목욕물로 세탁기를 돌리기 때문에 전혀 어필하지 못했다. 그런데도 광고는 미국본토와 똑같이, 세 가지 온도의 물을 다 쓸 수 있다는 세탁기들을 늘어놓았다.

게다가 찌든 때를 표현하려고 그랬는지 왠지 뻘에서 연근 파는 장면과 탄광 장면 같은 걸 내보냈다. 일본의 이미지였는지도 모르겠지만 보편성이 낮아서 소비자의 공감을 얻기 힘들었다.

뭔가 이상하다는 생각이 들었지만 당시의 나는 그런 결정을 뒤집을 수 있는 위치에 있지 않았다. 광고 제작회의에 참석할 수는 있었지만 트레이닝 과정의 성격이 강해서 뒷자리에 오도카니 앉아 있다가 "와다 씨 의견은 어때요?" 하고 물으면 의견을 말하는 것부터가 훈련을 위한 것이었다.

광고 제작회의에서는 상사나 광고업체 사람들이 30초짜리 스토리 보드에 대해 서로 의견을 교환한다. 30초라는 눈 깜짝할 사이의 광고에 대해 족히 30분이나 되는 코멘트를 할 수 있다는 사실에 놀랐지만, 나중에 나도 어느 정도 스킬이 생기자 마찬가지로 그렇게 하고 있는 자신을 발견했다.

되돌아보면 초기에 고개를 갸우뚱거릴 만한 광고작품을 많이 만난 게 나의 광고 감각을 오히려 키울 수 있었던 셈이다. 그러다가 숱한 마케팅 시책 가운데서도 텔레비전 광고는 내가 가장 자신 있어 하는 분야가 되었다.

사명감이 생기다

"(긴축계획 중인) 그 시기에 와다 씨는 그만두려는 생각이 없었나요?"라는 질문을 받기도 하지만, 그때 남겠다고 결정을 한 것이 그 뒤의 내 P&G 생활 방향을 판가름 지었다.

당연히 직장을 옮길 가능성에 대해서도 생각했지만, 여성인 내가 다른 회사에 가서 P&G에서처럼 일할 수 있는 환경을 과연 만날 수 있을까 싶은 의문이 들었다. 그러기 어렵다는 건 취직활동을 하면서 이미 통감했다. 단 몇 년 사이에 상황이 극적으로 변했을 리 만무했다.

게다가 초등학교 이후부터 간사이 지방에서 살아온 나로서는 도쿄에 가서 새 직장을 찾는다는 건 몹시 불안한 일이었다.

신생 P&G로 재탄생하겠다는 회사의 선언을 완전히 신용한 것은 아니었다. 지금까지 줄곧 외국인 상사의 지시대로 해온 광고 제작 방식도, 거기에 대해 노라고 거부하면서 새로운 제안을 하지 못하는 일본인 상사도 금방 변할 리가 없다. 하지만 회사는 변하겠다고 얘기하고 있었다. 조직이 변화를 맞이하는 그 현장에 있으면서 내가 뭔가 보탬이 될 수 있다면 인생이 꽤 재미있을지 모르겠다고 생각했다. 그리고 만약 잘 되지 않더라도 그 또한 재미있을지 모른다, 그런 기회는 좀체 만나기 어려울 거라고 여겼다.

그 무렵부터 이른바 사명감이라는 게 생겨났다. '이 회사를 내가 입사했을 때보다 더 좋은 회사로 만들자', '나보다 뒤에 들어오는 사람에게는, 내가 있을 때보다 더 좋은 환경에서 일할 수 있게 만들자'고 마음먹게 되었다.

● **P&G의 변화**

그 무렵 《아이즈 온 투모로Eyes on Tomorrow》(미래를 향하여)라는 책 한 권이 미국 본사에서 출판되었다. P&G의 사사社史 같은 책으로, 창업자인 윌리엄 프록터와 제임스 갬블*의 시대부터 1970년대까지의 이야기를 담았는데, 브랜드 매니지먼트 제도가 P&G에 의해서 창설된 사실 등을 아주 흥미 깊게 읽었다.

이 책을 읽고 P&G가 엄청 좋은 회사라는 생각이 들었던 반면, 일본 P&G에 대해서는 실망감을 느꼈던 부분도 많았다. 그래서 '내가 일할 회사는 이 책 속에 있다, 나는 남아서 이 회사의 이상이 실현되도록 노력해보자'고 결심했다.

내가 입사했던 P&G산홈이라는 회사는 여전히 일본식 회사였다. 업무실적에 따른 연동형 급료를 지불해주는 시스템이 아니라 연공서열식의 승진제도가 남아 있었다. 브랜드 매니저는 대외적으로는 과장직이었지만, 나는 브랜드 매니저임에도 불구하고 입사 3년차 과장은 불가하다는 인사부 소견 때문에 다른 3년차 직원과 같은 급여를 받고 일하고 있었다. 직함과 업무 범위는 하는 일에 맞춰 차례차례 주어졌지만, 거기에 급여 시스템이 따라주지 못했던 것이다.

아무리 열심히 일해도 급여는 쥐꼬리만큼밖에 오르지 않았고, 회사는 기울어가고 있던 시기이기도 해서 이런 시스템에서는 회사의 인재가 모두 달아날 것 같은 생각에 급여 시스템 개선에 대한 제안서를 회사에 제출했다. 어쩌면 내 자리가 위태로울 수도 있었지만,

---

• 역주) 윌리엄 프록터는 영국의 양초 제조업자였고, 제임스 갬블은 아일랜드의 비누 제조업자였는데, 둘이 합작하여 '프록터 앤드 갬블', 즉 P&G를 세웠다. 애초에 두 회사가 모두 동물성 지방인 돼지기름을 원료로 썼기 때문에, 1837년에 도살장이 많았던 신시내티에 세운 P&G는 그 뒤 미국 남북전쟁 기간에 군용 비누와 양초를 공급하며 사세를 키웠고, 종전 뒤에는 생활 소비재 생산에 매진했다.

기본적으로 업무성과와 연동시키는 승진 및 급여 시스템을 제안할 수밖에 없었다.

그 제안이 수용되었는지는 모르겠지만 얼마 지나지 않아 앞서 말한 바와 같이 P&G 극동주식회사라는 새 회사가 출범하게 되고, 미국식 업무성과 연동 급여 시스템이 도입되었다. 과장 등의 일본식 직함은 전부 폐지되고(외부를 상대로 일하는 직원들만 필요에 따라 직함을 남겨두기로 했음), 기본적으로는 영어 직함을 기준 삼아 업무와 급여 불균형을 정비하게 되었다.

모든 것이 한순간에 변하지는 않았지만 2년 정도 걸려서 브랜드 매니저 사이의 부자연스러운 급여 격차 등은 시정되어갔다. 제대로 된 방향으로 회사가 변해가는 걸 느꼈다.

이 시절에 일본의 P&G를 지휘하고 있던 건 러셀 마스덴(J. Russell Marsden, 당시의 일본법인 사장. 임기 중에 병으로 쓰러졌다) 씨와 그 뒤를 이은 다크 야거(전임 P&G CEO겸 회장, 재임 1999~2000년) 씨로 그들은 일본법인을 다시 일으키기 위해 상당히 광범위한 변혁을 이끌어냈다. 젊은 세대에게 그 전보다 더 큰 책임을 맡기고, 일본의 조직 육성에 적극적인 외국인 매니저들을 영입했다.

2. P&G의 주도면밀한 리크루팅

● 크는 직원만 있으면 된다

인재양성의 관문이 되는 채용은 무척 중요하다. 좀 더 우수한 대학의 졸업예정자를 뽑고 싶어 하는 건 어느 회사나 마찬가지겠지만 여기서 놓쳐서는 안 되는 것이 장기적인 관점이다.

기초학력 테스트와 적성검사 등을 통해 그 시점에서의 우열성이나 차이점 등은 알아볼 수 있지만, 유심히 봐야 할 점은 입사하고 나서 어떤 인재가 돼갈 것이냐 하는 부분이다.

P&G에서는 극단적으로 말해서 "크는 직원만 있으면 된다"고들 한다. 크는 직원이란 회사의 가치관을 이해하고 회사에서 요구하는 스킬을 습득할 가능성이 있는 사람들을 말한다. 누구든 노력을 기울이면 그렇게 될 수 있으나, 설사 아무리 우수한 학생일지라도 최초의 상호간 이해가 불충분하고 가치관을 공유할 수 없다면 미스매

> 크는 직원이란 회사의 가치관을 이해하고 회사에서 요구하는 스킬을 습득할 가능성이 있는 사람들을 말한다. 누구든 노력을 기울이면 그렇게 될 수 있으나, 설사 아무리 우수한 학생일지라도 최초의 상호간 이해가 불충분하고 가치관을 공유할 수 없다면 미스매치가 발생한다.

치가 발생한다. 일본의 대학 졸업생은 입사 후 3년쯤 지나면 회사를 그만두고 '다이니 신소쓰第二新卒*'라고 부르는 사람이 늘어난다는 소릴 듣는다.

P&G는 리크루팅에서도 갖가지 독특한 대처를 해왔다. 부문별 채용은 이미 1980년대부터 시행해왔다. 졸업예정 학생 모집은 인사부에서 하지만 최종적으로는 마케팅, 영업, 연구개발, 생산 등 어떤 사람을 채용할 것인가에 대한 권한과 책임은 각 부서에 있다. 졸업예정자에게도 응모 단계에 어느 부서를 희망하는지 선택하도록 한다.

1980년대 중반부터 10년 정도 나는 마케팅 부서의 리크루팅을 담당했고, '크는 인재'를 채용하기 위한 방법을 도입했다.

마케팅 부서를 희망할 경우, 업무의 개요나 회사에 대해 충분히 이해하고 있는 브랜드 매니저가 면접을 치른다. 다른 회사의 경우는 입사 연차가 짧은 젊은 직원을 채용 담당자로 세워 입사지원자를 살피거나, 반대로 OB 방문* 등을 통해 입사 희망자를 면접하곤 하는

---

* 역주) 신입모집대상인 졸업예정자 '신소쓰新卒'와 달리, 1~3년 정도 첫 직장을 다니다가 재취업의 문을 두드리는 '묵은 졸업생'을 말한다. 첫 직장에서 3년 내에 전직을 하는 확률이 36%를 웃도는 일본의 경우, 그해의 졸업예정자뿐 아니라 졸업 3년 미만의 '묵은 졸업생'까지 직원모집 대상으로 삼고 있다.
* 역주) 대학 졸업예정자가 취직에 앞서, 자신이 희망하는 기업에 근무하는 대학 동문 선배를 찾아가서 구직정보를 알아보는 행위. 동문 선배가 여자일 경우 'OG 방문'이라고 한다.

데, 어떤 인재인지 찾아내기란 몹시 어려운 일이어서 입사한 지 얼마 안 되는 직원에게는 그 일이 버겁다고 생각한다. 또 지원자의 여러 가지 질문에 대해서도 딱 부러진 답변을 해줄 수 있는 사람이 그런 일을 맡아야 한다.

브랜드 매니저 정도라면 지식도 경험도, 회사의 가치관에 대해서도 충분히 대답할 수 있는 역량을 갖고 있을 것이다. 수차례에 걸친 면접은 총 7~8시간이나 걸린다. 다른 부서도 마찬가지인데 이 시간 동안 지원자와 면접관은 차분하게 "정말 들어오고 싶은가?", "정말 채용하고 싶은가?"에 대해서 서로를 확인하는 맞선을 보는 것이다.

● 리크루팅, 품질관리로 접근하라

면접을 볼 때 내가 아무리 괜찮은 지원자라 생각하더라도 그것은 어디까지나 혼자만의 개인적인 평가일 수밖에 없다. 오래 붙잡아두고 싶은 인재를 채용할 때의 판단은 복수의 면접 결과를 놓고 결정하는 편이 상호간의 판단 차이를 줄여줄 것이다.

회사가 원하는 스킬을 효과적으로 배울 성싶은 지원자를 채용하려면 그 '스킬의 싹'이 있는지 어떤지 잘 살펴볼 필요가 있다. 면접도 실은 그렇기 때문에 보는 것이지만 나는 면접 결과에 대한 수치화의 가능성을 고민해봤다.

이름하여 '리크루팅 품질 색인(RQI, Recruiting Quality Index)'이다. 전

사적 품질관리(TQM, Total Quality Management)에 입각한 사고방식인데, 미국에서는 이미 시행하고 있던 방법이었으므로 일본에서도 하루빨리 도입을 하기로 했다.

회사가 필요로 하는 '스킬의 싹'이 보이는지 여부를 미리 살펴서 채용단계에서 각 면접관들이 면접 평가표에 점수를 써 넣어 고득점을 받은 인재를 채용할 수 있도록 하는 것이다. 이렇게 수치화된 데이터는 그 뒤에도 활용할 수 있다.

입사 내정자 가운데 어떤 인재들이 실제로 채용됐는지 체크해두는 데도 활용할 수 있다. 구체적으로 말하면, 당해 연도 입사 내정자의 RQI 평균점과 그 중에 실제로 회사에 입사한 직원의 평균점을 비교하여 더 높은 자질을 지닌 사람을 채용할 수 있도록 새로운 노력을 기울이는 것이다.

당시 P&G는 일본에서의 직원모집으로 몹시 어려움을 겪고 있었다. 예를 들면 내정자를 20명으로 선정하더라도 실제로 입사하는 건 그 절반밖에 안 되는 상태가 오래 지속되었기 때문이다. 그런 노력은 맹목적으로 입사 내정자 포기율을 저하시키는 데 목적을 둔 것이 아니라, 내정된 사람들 가운데에서도 상위권 지원자들이 왜 마지막에 다른 회사를 선택했는지, 그들을 불러오기 위해서는 무엇이 필요한지 살펴보기 위한 것이다.

그런 시절에 P&G를 택하여 들어온 직원들은 모두 위험부담을 두려워하지 않는 근성 있는 사람들이었다고 생각한다. 내가 면접을 보고 채용했던 사람들은 출신 대학으로 본 학력에서나 본인들 능력에서나 나무랄 데가 없었기 때문에 일본의 유명 기업에 충분히 들어갈 수 있었다. 그런데도 당시에 이름도 알려지지 않은 P&G라는 회사에 입사하는 걸 부모님들이 용케 허락해주셨구나 싶었다. 입사한 다음에는 각

> 회사가 필요로 하는 '스킬의 싹'이 보이는지 여부를 미리 살펴서 채용단계에서 각 면접관들이 면접 평가표에 점수를 써 넣어 고득점을 받은 인재를 채용할 수 있도록 하는 것이다. 이렇게 수치화된 데이터는 그 뒤에도 활용할 수 있다.

브랜드에 배치돼 활약하면서 P&G의 발전을 떠받쳐주었다. 이제는 제너럴 매니저 또는 디렉터 직급이 된 사람도 많다.

RQI는 각 부서 비교에도 사용할 수 있다. 각 부서에서 요구되는 스킬에 차이가 있긴 하지만, 수치화시켜 두면 회사 전체 차원에서 부족한 인재 또는 스킬이 무엇인지 뚜렷하게 볼 수 있다. 또한 국경을 초월하여 공통의 목표를 갖고 있는 P&G에서는 그것으로 국가별로 비교할 수도 있으므로 글로벌 조직을 육성하는 데 큰 도움이 된다.

그 사람이 갖고 있는 스킬과 스킬의 싹을 수치화하는 건 실제로는 몹시 어려운 일이다. 그럼에도 불구하고 인재양성이라는 망막한 분야에서 구체적인 과제를 발견할 수 있다는 이점은 그런 곤란함과 다소간의 결점을 메우고도 남음이 있을 것이다.

● 남녀 비율 50 : 50

그 시기, 미국 본사에서 일본을 방문하는 톱 매니저에 대해 일본

의 P&G 조직이 얼마만큼 육성됐는지를 정기적으로 리뷰해주고 있었다. 보고사항 가운데 리크루팅 결과도 포함돼 있었다. 채용한 인재의 질과, 남녀 비율도 반드시 보고해야 했다. 그 자리에서 "남녀 비율이 50 : 50이 되도록 해주세요"라는 말을 들었다.

P&G 조직은 당시까지만 해도 전체적으로 남성 중심이었지만, 신규 채용 직원의 경우엔 여성 지원자가 더 많았기 때문에 몇 년에 걸쳐서 50 : 50이 되도록 바꿔나갔다. 남녀 할당제 등의 우대조치는 취하지는 않았다. 대학에 가서 직원모집 프레젠테이션을 하거나 남성 지원자를 구하기 힘들었기 때문에 세미나 등에 참석하기도 했다.

직접 경험하게 하라

1980년대 중반부터 채용하고 싶은 지원자에게 인턴십 형식으로 '현장 체험'의 기회를 주었다. 당시만 해도 인턴십이라는 건 생소했다. 업무 현장에서 업무 보조를 하면서 회사를 있는 그대로 보도록 한다는 건 어떤 다른 것보다 효과적인 '맞선 보기'가 된다.

"What you see is what you get"이라는 말이 있다. "당신이 눈으로 보는 게(입사를 하면) 얻을 수 있는 것"이라는 의미로, '백문이 불여일견'이라는 것이다.

면접관이 반드시 직속상관이 되는 건 아니지만 상사를 선보인다. 상사가 될 가능성이 있는 사람을 선보이는 것이다. 매일매일 일상 업무에 대한 장면을 보여줌으로써 가감 없는 업무 상태를 체험하고 더 나은 판단을 할 수 있도록 하겠다는 취지였다.

미국의 MBA 과정 가운데 봄방학을 이용하는 2~3개월짜리의 기업 인턴십이라는 교과 과정이 있다. P&G는 이런 MBA 학생 인턴십 체제를 채용하고 있다. 또 일본 P&G에서도 미국 MBA 학생을 받아들인 적이 더러 있었다.

이러한 점을 참고하면서 내가 리크루팅을 담당하기 시작했을 무렵, 일본 P&G에서도 구직을 원하는 대학 졸업예정자들에게 봄방학이나 여름방학을 이용하여 단기 인턴십을 제공하기로 했다. 이런 시도는 일본계 기업들보다 한참 앞선 것이었다.

당시 일본의 대졸 예정자들에게는 P&G의 독특함이나 장점을 죄다 설명해줘도 쉽게 이해하리라고 생각하지 않았다. 본 적도 없는 걸 이해하기란 어렵기 때문이다. 그래서 보여주고자 한 것이다. "이런 직장입니다. 좋은 직장이라는 생각이 들면 입사해주세요. 진짜 좋은 회사라고 자신합니다" 하는 메시지였다.

인턴십 기간 중에는 브랜드 어시스턴트 정도의 급료를 주고, 도쿄 등지의 졸업예정자는 비즈니스호텔을 마련해주었으며(P&G 본사는 간사이에 있다), 식사비도 제공하는 환경을 마련해 그들을 맞아들였다.

실제로 사무실 책상을 준비해주고, 미니 분석이나 매장 시찰을 하도록 했으며, 경쟁 중인 제품의 광고를 비교해보고 의견을 말할 수 있도록 한 프로젝트를 짜서 점심과 저녁 시간에 다양한 사람들을 만나볼 수 있도록 배려했다. 특히 업무시간 중에는 숨길 것이 하나도 없으므로, 예측불허의 사태가 일어날 경우의 모습이나 아주 많이 팔려서 기뻐하는 모습도 평상시 있는 그대로의 일상을 보여준다는 생각으로 완전히 노출했다. 업무의 내용이나 업무 수행방법, 사무실 상황, 직원들이 어떻게 커리어를 쌓아가는지 등 이해의 수준은 단기간에 극적으로 심화되었다.

면접을 위한 인터뷰 트레이닝

면접을 볼 때 인터뷰하는 스킬에 대해서도 익숙해지려면 나름대로 트레이닝을 해야만 한다. 미국 본사에는 인터뷰 훈련 매뉴얼이 있어서 그걸 도입하려고 동아리를 만들고 학습을 했다.

일본 실정에 맞지 않는 부분은 생략하고, 몇몇 매니저와 함께 그 해의 면접을 맡아서 실제로 경험을 해봤다. 그 멤버들이 다음 해의 면접관들을 트레이닝하고, 2년째부터는 새로 공부한 사람들과 면접관 경력자를 섞어 면접을 했다. 면접을 다 마친 다음에는, 지원 학생들에 대해서뿐만 아니라 면접관 자신도 면접방법에 대해 반성회를 열고 점검했다.

면접관이었던 우리도 처음에는 전혀 경험 없이 시작한 일이었고, 각자 자신의 트레이닝도 겸할 수 있는 일이었기에 가슴이 두근두근할 정도였다. 긴장 속에서 지원자들의 얘기를 들으며 네, 아니오 식으로 대답할 수 없는 질문, 자유질문 open question을 고안해냈다. 이것은 의외로 어렵고, 면접관이었던 내게도 순발력이 필요한 일이었다. 될 수 있는 한 지원자가 얘기를 많이 할 수 있도록 질문을 던지는 편이 좋기 때문이다.

이력서나 성적표 등은 언제든 활용할 수 있지만, 그것은 극히 일부의 정보밖에 얻을 수 없었다. 현장감 넘치는 상황에서 지원자에게 무언가를 말하게 하면 그 말 속에서 제출된 신상자료

> 세미나에 참석해서 뭔가를 배우는 것, 이것이 1단계 학습이다. 학습한 사람은 직장으로 돌아와서 그 세미나에서 인상 깊었던 것과 공부한 내용을 이야기한다. 이것이 2단계 학습이다. 그리고 나서 그것을 전해 들은 사람이 머릿속에 남아 있는 요점을 세 번째 사람에게 다시 전하는 방식이다.

엔 없는 무언가가 번쩍 튀어나오는 때가 있다. 신상자료도 본인에 대해 얘기해주지만, 면접 중에 순간적으로 튀어나오는 대답 역시 본인의 속내를 드러내기 마련이다. 지원자로서는 질문을 받는 즉시 생각을 순간적으로 정리해야 한다. 또 생각이 정리됐다 할지라도 의사소통 능력에 문제가 있어 본인의 생각을 제대로 전달할 수 없는 사람도 있는데, 그런 것 역시 살펴봐야 할 스킬 가운데 하나다.

실제로 면접을 보기 전에는 면접관끼리 모의면접 역할극role play을 만들어서 연습했다. 이 모의면접 뒤에 신참 면접관에 대한 반성회를 열고, 그 다음에 한 번 더 모의면접을 한다. 모의면접은 전년도 면접관이 하는 것이기 때문에 여전히 모자라지만, 다른 사람을 가르치면서 자신의 면접 스킬 역시 향상시키는 데 그 목적이 있었다. 이것을 '3인 학습three people teaching'이라고 부르는데 스킬을 정착시키기 위해 만든 시스템이다.

예컨대 세미나에 참석해서 뭔가를 배우는 것, 이것이 1단계 학습 first teaching이다. 학습한 사람은 직장으로 돌아와서 그 세미나에서 인상 깊었던 것과 공부한 내용을 이야기한다. 이것이 2단계 학습 second teaching이다. 그리고 나서 그것을 전해 들은 사람이 머릿속에 남아 있는 요점을 세 번째 사람에게 다시 전하는 방식이다. 이렇게 해서 3인 학습이 이뤄지는 것이다.

외부 세미나에 참석할 때 이상적인 것은 배워온 바를 자기 나름의 언어로 소화하여 직장동료에게 전달하는 세미나 자리를 마련하는 것이다. "이런 걸 배워왔습니다. 우리 회사라면 이런 걸 해보면 좋을 것 같습니다"라고 발표하면, 발표한 당사자는 외부에서 배운 것을 남에게 전함으로써 자신의 체험을 더 깊이 이해할 수 있을 것이며, 그 말을 듣는 사람도 역시 주요한 사항을 배울 수 있다. 그런 과정을 통해 어찌할까 고민하는 직장의 문제 또한 개선할 수 있을 것이다. 필시 세미나 연수비 정도는 건질 수 있지 않을까. 혼자서 외부 세미나에 참석하고 돌아온 후에 아무것도 하지 않는다면 아까운 일이 아닌가.

면접을 예로 들어 말하자면, 지난해에 트레이닝을 받은 사람은 올해엔 복습한다는 의미에서 이른바 리마인더 코스reminder course를 밟게 되는 셈이다. 작년에 면접관이었던 사람은 금년의 면접관을 가르침으로써 자신의 스킬이 향상되고, 금년에 처음 면접을 맡는 사람 역시 아무것도 없이 임하는 것보다 선배의 경험을 통해 뭔가 배울 수 있다. 귀찮아 보일지 몰라도 이렇게 하지 않으면 면접 인터뷰 스틸은 간단히 좋아지지 않기 때문에 시간과 품을 아까워해선 안 된다.

면접 인터뷰 스킬이란 그때까지의 업무 범주에는 없었던 새로운 스킬이었기 때문에 이런 식으로 철저하게 훈련해야만 익힐 수 있다. 성가신 작업이었던 반성회 시간에도 "그렇군, 그렇게 하자" 하면서 협력해준 동료들이 있었기에 실제로 조직에 뿌리를 내릴 수 있었다.

특히 새로운 일에 대해서는 주변에서 함께 협력해주는 사람이 없으면 결코 실현할 수 없다. 혼자서는 불가능한 일이다.

아시아인을 채용하기 위해 미국 오하이오 주 신시내티에 있는 본사에서 면접을 본 적도 있었다.

일본에서도 물론 직원모집을 하지만 미국의 MBA 과정에서 공부하는 일본인을 포함한 아시아인 졸업예정자들을 채용하기 위해서였다. MBA 과정을 밟는 고학력의 아시아 학생들을 면접하는 건 우리도 긴장하고 정신 바짝 차려야 하는 일이었다.

3. '위스퍼' 프로젝트

🌀 신생 P&G의 상징, '위스퍼'

1986년에 처음 테스트 마켓test market*을 시작한 생리용품 위스퍼는, P&G산홈에서 P&G 극동 주식회사Procter &Gamble Far East, Inc.로 바뀐 신생 P&G 입장으로서는 꼭 필요한 신규 사업이었다. 새롭게 회사 간판을 바꾸고 부채가 없어졌다 하더라도 그것은 소비자, 도매점, 소매점과는 전혀 관계가 없는 일이다. 성공한 회사로 인정받기 위해서는 뉴스에 날 만큼 큰 히트상품이 필요했다.

위스퍼의 원형(모체)은 미국의 '올웨이즈Always'라는 브랜드였는데 뛰어난 기술이 들어간 획기적인 제품이었다. 따라서 미국에서

• 역주) 신상품 출시 이전에 주도면밀한 판매 전략을 세우기 위한 시험 시장. 실제 시장의 반응을 조사하기 위해 철저한 계획에 따라 제품수요, 판매방법, 가격, 프로모션, 광고 등을 종합적으로 테스트한다. 고객의 성향, 시장규모, 고객과의 접점 개발 등도 아울러 파악한다.

성공한 만큼 일본에도 이것을 도입하려고 했다.

P&G는 뛰어난 마케팅으로도 정평이 나 있지만 동시에 압도적으로 우월한 제품을 만들어내는 연구개발 능력도 뛰어난 기업이다. 생리대 하나만 봐도 '드라이 매쉬 시트dry mesh sheet', 날개 달린 타입, 초박형, 한번에 커버를 벗겨낼 수 있는 포장 등 지금이야 어느 업체나 똑같이 생산해내는 제품이지만 그 모두가 P&G에서 처음 퍼뜨린 신제품이었다.

내가 위스퍼 브랜드로 옮아간 것은 테스트 마켓을 개시하기 1년 반 전인 1984년 말엽이었다. 등록상표 단계에서부터 미국의 올웨이즈라는 이름은 일본에서 사용할 수 없었고, 미국의 패키지 디자인도 막상 소비자 테스트 마켓을 해보니 불평이 나왔기에 다시 만들 수밖에 없었다.

브랜드 이름도 새로 짓고, 패키지 디자인도 고치고, TV 광도도 만들었다. 1년 후의 시장점유율을 예측하기 위한 평가테스트도 치른 다음, 이것을 토대로 최종제품을 잔뜩 만들어 슈퍼마켓 등에 매장을 만들고 테스트를 해본 결과, 예상 매출이 매우 낮게 나왔다. "패키지가 좋지 않다", "포지셔닝이 나쁘다", "광고가 안 좋다" 등 제품 그 자체를 빼고는 전부 빵점이라는 분석 결과가 나왔다. 개발은 완전히 원점으로 돌아가고 말았다.

당시 생리용품 시장은 다른 회사의 매우 우수한 제품이 압도적인 강세를 점하고 있었기 때문에 위스퍼를 개발하는 동안 우리는 과연 이 제품을 세상에 내놓을 수 있을까 싶을 정도로 좀체 희망이 보이지 않았다.

　패키지 디자인은 시행착오를 거듭해도 일본 디자인 회사에서는 순조롭게 진행이 되지 않았기 때문에 결국 미국에 출장을 가서 본사와 친분이 있던 회사에 디자인을 맡겼다. 1년쯤 걸려서 개선할 점은 개선한 뒤 다시 평가테스트에 도전을 한 결과 '1년 뒤의 시장점유율 10%'라는 결과나 나왔다. 마침내 새 브랜드의 출항을 알리는 돛이 오른 것이다.

● 'P&G 영어'를 위한 연수

　그 무렵 위스퍼에 여성 신입직원이 추가로 배정되었다. 위스퍼 발매 전에는 브랜드 매니저인 나 혼자서 마케팅을 담당했는데, 나중에 메가 브랜드로 성장해가는 위스퍼의 두 번째 멤버가 온 것이다. 미국에서 약 5개월 정도 영어연수를 마치고 이제 막 돌아온 여성이었다.

　마케팅 부서의 채용 담당을 맡고 있을 때 나는 영어 구사력을 입사의 필수조건에서 삭제했다. 영어 구사력을 조건으로 내걸면 훨씬 더 적어진 채용 대상 모집단에서 우수한 인재를 찾아내는 데 옹색해질 수밖에 없다. 영어를 할 줄 안다고 해서 반드시 능력이 뛰어나다고도 볼 수 없기 때문에 우수한 인재 가운데 입사 뒤에 영어를 공부할 사람을 채용하고자 했다. 그 대신에 미국 영어연수 프로그램을 회사에서 마련했다.

영어연수의 원형은 이미 생산부에 있었기 때문에 나는 이를 응용하기로 했다. 종이제품의 일본 국산화에 대비하기 위해 효고兵庫 현에 아카시明石 공장을 세우기로 한 P&G는 공장에서 일할 생산라인과 기술직(엔지니어) 관리자들을 위한 영어연수를 준비했는데 그 결과가 좋게 나왔다. 다문화 커뮤니케이션 컨설팅 회사에 의뢰해서 만든 P&G의 독자적인 프로그램이었다.

> 영어를 할 줄 안다고 해서 반드시 능력이 뛰어나다고도 볼 수 없기 때문에 우수한 인재 가운데 입사 뒤에 영어를 공부할 사람을 채용하고자 했다. 그 대신에 미국 영어연수 프로그램을 회사에서 마련했다.

우선, 컨설팅 회사의 담당자들이 마케팅 부서에 1개월쯤 상주하도록 했다. 마케팅 부서의 영어소통법을 체험하며 배우도록 한 다음에 프로그램을 개발하도록 한 것이다. 주요 메모는 한 페이지로 요약해서 그 논지의 흐름이나 프레젠테이션, 회의 모습 등을 실제 업무현장에서 직접 살펴보고 배우도록 했다.

영어연수를 받을 필요가 있는 사람은 입사하면 곧바로 미국으로 보내 약 5개월 동안 오로지 'P&G 영어' 공부에 전념하도록 했다. P&G식 영어로 읽고, 쓰고, 말하기 기초를 익히고 외국인과 어떻게 사귀는지 등에 대한 지식도 배우게 했다.

연수에는 실전용 영어 수업이 많이 포함돼 있었다. 그 가운데 하나가 '스토어 체크store check'였다.

"내일은 각 소매점들을 돌면서 세제 코너를 살펴보세요. 그리고 담당점원과 얘기해보고 무엇이든 배워오세요"라는 지시를 내린다.

한 사람 한 사람이, 몇몇 소매 점포를 돌면서 점포 상황을 관찰하고, 점원과 인터뷰를 하고, 24시간 이내에 스토어 체크 보고서를 제출한다. 그 보고서는 영어연수를 담당하는 강사와 신입직원을 한 사람씩 맡아 스폰서 역할을 하는 일본의 브랜드 매니저에게 동시에 제출된다. 그리고 미국의 연수강사와 일본의 매니저 양쪽 모두에게서 보고서에 대한 코멘트를 받는다. 현지의 원어민 강사는 문법 등에 대해서는 정확하지만 브랜드 매니저가 실제 스토어 체크 보고서를 능숙하게 다루기 때문에 논리적인 흐름, 결론짓는 방법 등에 대해 조언을 해준다.

"TV에서 ○○브랜드 광고를 보고 평가하는 메모를 올리세요"라는 과제도 있었다. 자택에서 TV로 지정된 광고를 보고 자기 나름의 견해를 메모로 작성하는 것이다. 현지 강사와 일본 브랜드 매니저에게 제출하는 것도 동일했다.

일본에 있는 브랜드 매니저가 바쁜 틈을 쪼개어 스폰서 역할을 하는 이유는 입사 뒤 대학 졸업생 기분을 불식시키고 일본 마케팅 부서에 대한 귀속감을 높여주기 위한 것이었다. 캘리포니아에서 어학연수에 전념토록 함으로써 귀국해서 자리를 배속 받는 즉시 어시스턴트 일을 할 수 있는 수준에 도달할 수 있기를 기대한 것이었다. 학생 기분을 완전히 없앨 수는 없었으므로 사람에 따라서는 학습할 때 성실성이 어느 정도 흐트러지기도 했지만, 그럼에도 소기의 목적은 어느 정도 달성한 듯싶으며 연수생들은 각자 자기 나름대로 기본을 익혀서 귀국했다.

실제 업무 현장에서는 차례차례 넘어오는 메모가 전부 영어이므로 자기 앞에 떨어지는 자료를 빨리빨리 읽어내지 않으면

> 결론부터 먼저 들이미는 독특한 방식의 메모나 화술을 일컬어 흔히 'P&G식'이라고 한다.

안 되었다. 익숙해질 때까지는 힘겨운 작업이다. 한손에 사전을 끼고 앉아 격투를 벌였다. 그런 식으로 3년 정도 지내고 브랜드 매니저가 될 무렵에는 이미 TOEIC 만점에 가까운 경지가 되지만, 그럼에도 더욱더 능숙해지도록 노력해야만 한다.

그 다음엔 현장경험을 쌓아야만 한다. 일할 시간을 쪼개 영어훈련교실에서 영어 트레이닝을 할 수 있도록 돼 있었지만, 막상 일이 시작되면 영어수업에 빠져야 하는 경우도 많아 일을 하면서 영어훈련을 하기란 쉬운 일이 아니었다.

영어가 서툰 직원에게는 업무평가서에 '영어훈련 필요'라고 써넣고 어학원에 다니도록 권했다. 시간적으로나 체력적으로나 몹시 고된 일이지만, 이렇게 하면서 점점 특수한 P&G 영어를 구사할 수 있게 된다.

● 결론부터 먼저 말하라

결론부터 먼저 들이미는 독특한 방식의 메모나 화술을 일컬어 흔히 'P&G식'이라고 한다. 미국인들도 결론부터 먼저 말하지 않거나 먼저 쓰지 않는 사람들이 많다. 나도 신입직원 시절에 그것을 배웠

다. 완전히 몸에 익혀 지금도 'P&G식'이다.

　이 방법은 반드시 익혀두기를 바란다. 상황 요약이나 이유부터 얘기를 시작해서 자꾸 길어지다 보면 듣는 상대방은 결론이 어떻게 날지 머리를 굴리며 기다리게 된다. 경우에 따라서는 결론까지 가지도 못하거나 결론까지 가더라도 임팩트 효과가 신통찮게 돼버리는 경험을 해봤을 것이다. 서두가 길어지다 보면 도중에 질문이 끼어들게 되고, 그 때문에 얘기가 옆길로 새어나가 원점으로 돌아갈 수가 없게 되거나 엉망진창이 되기도 한다. 이것은 비단 영어*뿐만 아니라 일본어에도 쓸 수 있는 방법이다.

● 팩트북을 사용하라

　마케팅 부로 배정된 신입직원이 가장 먼저 할 일은 담당 브랜드를 이해하는 것이다. 브랜드의 비전과 전략, 그리고 계획, 포지셔닝 등은 정확히 메모로 명문화돼 있다. 그 외 중요한 프로젝트마다 사내 제안서라든가 매월 진척상황에 대한 보고서가 메모로 작성돼 있다.

　맡은 브랜드와 관련해 항상 기억해야 할 메모 등을 모아서 '팩트북Factbook'이라는 파일로 정리해두었다. 내 팩트북에서 신입직원에게 필요하다 싶은 사항을 뽑아내어 비서에게 신입직원용 팩트북으

• 역주) 여기서는 영어의 어순(주어+동사+목적어)을 말한다. 예컨대 "그는 받았다 상을 : He takes the prize" 같은 영어의 어순처럼, 주된 내용부터 먼저 꺼내어 말하는 어법을 말한다. 복문이나 긴 문장일 경우 그 효과는 더 커진다.

로 만들게 한 다음, 신입직원들에게 나눠주었다. 말만으로 설명해서는 제대로 이해하기도 어렵고, 메모를 그때그때 산만하

> 맡은 브랜드와 관련해 항상 기억해야 할 메모 등을 모아서 '팩트북'이라는 파일로 정리해두었다.

게 건네주면 순서가 어찌되는지, 무엇이 중요한지도 모르기 십상인지라 적절한 차례를 매기고 목차도 만들어 붙였다.

며칠쯤 지나 첫 브리핑에 들어간다. 이 브리핑은 물론 브랜드 매니저가 담당한다. 너무 허겁지겁 주입하려 하지 말고 여유를 가지고 가르쳐야 한다.

파일 작업이 서툰 사람이 많아서 무엇이든 몽땅 모아두고는 정작 요긴할 때 어디에 있는지 금세 찾아낼 수 없는 경우도 있다. 바로바로 파일 작업을 해두거나 필요 없는 메모는 폐기하는 편이 낫겠지만 좀체 결단을 내리지 못한다. 파일 정리 방법은 사람마다 제각각이지만 필요한 정보를 척척 꺼낼 수 있도록 해두는 게 작업능률도 오르고 모양새도 좋을 것이다.

지금도 나는 비즈니스 현장에서 반드시 팩트북을 만든다. 브랜드를 운용할 때나 사업을 구동시킬 때나 최소한의 필요한 서류들을 항상 파일 한 권으로 만들어 관리해오고 있다.

● 능력에 벅찬 프로젝트를 완수하다

미국에서 영어연수를 마치고 배속된 신입직원에게 맡긴 최초의

프로젝트는 교육자료를 만드는 일이었다. 위스퍼 브랜드를 담당하는 영업담당자들에게 여성의 생리와 생리대에 관한 기초지식을 가르치기 위해서였다. 두께 10센티미터는 될 성싶은 두터운 영어 자료 파일을 주고, 그걸 번역해서 몇 장 정도로 요약 정리하도록 했다. 그 파일 자료는 앞서 얘기했던 위스퍼의 원형인 올웨이즈에 대한 미국 직원용 교재자료였다.

사전조사에서 '1년째 시장점유율 10%'라는 예측 결과가 나온 위스퍼였지만, 사내에는 여전히 불안과 의심이 고개를 쳐들고 있던 때였다. 그때까지 P&G재팬에선 미국에서 들여온 제품 가운데 팸퍼스 외에 크게 성공한 것이 없었고, 일본의 톱 기업이 압도적 시장 점유율을 장악하고 있던 품목이어서 외자계 기업인 P&G재팬이 이를 역전시킬 도리가 없다는 목소리도 높아지고 있었다. 게다가 대규모 설비투자와 마케팅 투자를 고려하면 경쟁상품보다 높은 가격을 설정하지 않을 수 없었으므로 각 부문에서 제기되는 의문과 불안은 극심했다.

그럼에도 위스퍼를 성공작으로 만들기 위해서는 어떻게 해서든 판매에 필요한 영업담당자들이 자신감을 갖도록 만들 수밖에 없었다.

그래서 두터운 올웨이즈 교재자료를 활용해 상품의 특징만 아니라 여성의 메커니즘이나 생리 중의 습관에 관한 세미나를 남성 영업담당자 대상으로 열고, 그들이 쓰지 않는 생리대에 대한 브랜드 비전과 마케팅 계획을 이해할 수 있도록 유도한 것이다.

영어연수에서 막 돌아온 그녀에겐 몹시 고된 작업이었을 것이다.

나는 세미나의 목적, 최종적으로 이룩해야 할 것 등에 대한 기대를 얘기했다.

영어였기 때문만은 아니고 내용도 여성 생리학인지라 어려운 말이 빈번하게 나왔다. 해낼 수 있을지 여부도 모르고 능력에 벅찬 프로젝트를 주는 셈이었지만, 시난고난하면서 때론 조언도 구하면서 그녀는 맡은 바 업무를 훌륭히 완수해냈다. 전부를 번역하는 게 아니고 애써서 대강 눈으로 훑고 활용하고 싶은 부분은 먼저 내게 보인 뒤 조언을 받으면서 일본 풍토에 맞게 변형했다. 수백 페이지나 되는 자료를 최소한의 수준인 단 몇 페이지로 취합해냈다.

그 자료를 활용한 영업회의에서 남성 직원들은 쑥스러워하며 집중하지 못하는 사람도 있었지만, 뛰어난 기술력이 동원된 유니크한 제품이라는 사실과 도전자로서 전략적인 마케팅 계획을 세울 예정이라는 사실 등을 이해하면서 조금씩 사내 여론이 모이는 걸 느낄 수 있었다.

● OJT에서 익힌 전략적 사고

P&G에서 요구하는 스킬은 OJT를 통해서 배운다. 특히 추상적인 개념은 실제 업무를 통해서만 체득할 수 있다. 그중 하나가 전략적 사고다.

논리적으로 사고하고 순서에 맞춰 일을 정해서 비즈니스를 펼쳐가는 게 기본이지만, 진정한 이기는 전략이란 다른 회사가 하지 않

> 논리적으로 사고하고 순서에 맞춰 일을 정해서 비즈니스를 펼쳐가는 게 기본이지만, 진정한 이기는 전략이란 다른 회사가 하지 않는 독특한 것이 핵심을 이루고 있어야 한다.

는 독특한 것이 핵심을 이루고 있어야 한다. 다른 회사 제품에 대한 경쟁적 우위를 반드시 갖추고 있어야 하는데 그렇지 못하고는 좀체 성공하기 힘들기 때문이다. 요컨대 이기는 전략에는 아직 누구도 실행하지 않은 것이 포함되어 있어야 한다. 이것은 아주 고도의 전략이다.

'첫 생리교육' 프로그램 역시 대단히 큰 규모의 프로젝트였는데, 이 또한 다른 신입직원에게 맡겼다. 첫 생리교육이란 초등학교 고학년 여자아이들을 대상으로 체육시간에 생리에 대한 지식을 알려주는 수업이다. 위스퍼는 후발 메이커로서 대규모 샘플링 캠페인을 계획하고 있었지만, 그냥 나눠주는 걸로 끝나는 게 아니라 누가 어떻게 그것을 받아가게 하느냐가 매우 중요한 포인트였다.

기존 회사의 브랜드가 뇌리에 박혀 있지 않은 대상층을 과녁 삼아 선행투자의 접근이었기에 이 수업을 위한 교육세트를 만든 것이다. 위스퍼의 샘플링 캠페인의 핵심 기획이었다.

다른 회사를 금방 따라할 순 없었다. 준비하려면 시간이 필요하고, 이 경우의 대상 목표 대상층은 아직 구매자 연령대도 아닌 경우가 많기 때문에 장기적인 안목으로 멀리 내다보는 투자가 된다. 프로그램의 개발은 그 신입직원(앞서 말한 그녀)이 리더가 되고, 보조 부문 사람들의 지혜와 도움을 얻어 기획을 잡아나갔다.

나의 간단한 지시 하에 그녀는 초등학교 5, 6학년 학생들과 선생

님을 인터뷰하고 프로젝트 실현을 위한 현상 파악부터 시작했다. 그리고 문제점을 뽑은 다음, 해결책으로 구체적인 사안을 제안했다. 팸플릿은 만화를 쓰는 게 좋겠네요, 패키지는 이런 풍으로 귀엽게 하지요, 학부모용도 만들고 싶어요,라는 식이었다. 학부모는 어머니들이므로 사용자층으로서도 딱 알맞았다. 소비자를 이해한 토대 위에 참신한 아이디어를 내고 그것이 승인나는 대로 차례차례 시행에 들어갔다.

사내에서도 전례가 없고 경쟁 회사도 하지 않는 계획을 실현시키기 위해서는 세세한 수순까지 검토할 필요가 있다. 신입직원인 그녀의 입장에서는 무척 도전적인 일이었지만, 이 업무를 통해 독특한 방법을 취하려면 무엇을 해야만 하는가, 어떤 의미가 있는가, 하는 걸 이해해가는 것이다.

다른 회사에서 볼 때, '이건 늦어서 올라가봤자 도리가 없다, 넘어가기 힘들 정도로 높은 산이다' 하는 생각이 들도록 좋은 전략을 세우는 것이다. 이상적인 전략에는, 다른 회사가 하지 않는 것, 게다가 흉내를 내기 힘든 것이 한두 가지는 들어 있다.

● 실현하기 어려울수록 좋은 아이디어

인간이란, 귀찮고 어려운 걸 하지 않는 존재다. 회사도 마찬가지다. 내가 P&G에서 배운 것은 "올바른 일을 올바르게 한다" 또는 "어렵지만 올바른 일을 올바르게 한다"라는 것이다. 간단한 일을 금세 하는 건 전략으로서는 거의 의미가 없기 때문에 그만두는 편이 낫다. 임팩트가 없는 간단한 일은 지금은 24시간 안에 모방할 수 있는 것도 있다. 어렵지만 올바른 일이란, 성가시고 길들이는 데 시간이 걸리는 일이다.

예를 들어 단순히 깎아주기 경쟁에 승부를 건다고 하자. 몇십 원을 깎아서 도매상을 부르고, 매장에서는 예컨대 500원을 깎아 판매하도록 했다. 그러면 그 싸움판에선 다투는 게 오직 돈뿐이다. 경쟁 상대가 주는 것보다 갑절로 주는 조건을 내걸거나, '1 + 1' 더블 팩으로 해서 싸게 낸다. 경쟁자끼리 가격을 다투게 되는 것이다. 더블 팩이 안 되면 트리플 팩…… 그런 식으로 하룻밤에 금세 뒤집는 오셀로 게임Othello Game*을 언제까지고 계속해봤자 브랜드를 키울 순 없다. 오히려 무너지고 말 것이다.

앞서 얘기한 첫 생리교육 프로그램은 전략적으로 독특하고 좋은 아이디어였지만 실행하려면 도전정신이 필요한 일의 좋은 사례다. 이미 소비자들로부터 높이 평가받는 리딩 브랜드의 지위를 확보하고 있는 브랜드에 후발 메이커로 도전하려면 단순한 것으로는 성공할 수 없다.

첫 생리교육에 대한 실행은 힘들었지만 그 보답은 컸다. 카테고리 사용 예비군을 매년 샘플링 하는 수법은 1년마다 나타나는 임팩

• 역주) 네모난 판 위에 흑돌과 백돌을 놓고, 상대편의 돌을 자기 돌 사이에 끼이게 하여 자기 돌의 색깔로 바꾸면서 게임판이 흑돌, 또는 백돌로 다 바뀌면 이기는 게임이다.

트는 간과되지만, 몇 년간 계속되는 것이기 때문에 거대한 사용자군을 만들어내는 힘이 된다. 경쟁 회사가 그걸 인지했을 때는 이미 늦어 쉽게 따라잡을 수 없을 만큼 앞설 수 있다.

전략을 세울 때는 간단한 방향으로 흐르지 않는 게 중요하다.

● 프로젝트를 맡기는 방법

앞서도 말했지만, 내가 뮤즈의 브랜드 매니저를 했던 시절에는 사람 키우는 일이 아주 서툴다는 의식이 있었다. 내 적성이 아닐지 모른다는 생각도 했지만 사람을 키우지 않으면 위로 올라갈 수 없다는 걸 알고 있었고, 또 위스퍼는 적은 인원수로 성공시켜야만 했으므로 부하를 키우는 데 서툴러서는 브랜드 운영을 제대로 해나갈 수 없으리라는 게 불을 보듯 뻔했다.

그래서 '좋아, 마음을 바꾸자. 잘 되지 않는 일이 있더라도 이번엔 인재양성에 한번 도전해보자' 하고 생각한 것이다.

생리대는 신규 사업이었기 때문에 신입직원뿐만 아니라 나 자신도 포함해서 새로 배워야 할 것들이 있었다는 게 좋았는지도 모르겠다. 어시스턴트였던 그녀들에게는 능력에 벅찬 프로젝트였다 해도 서로 분담해서 헤쳐 나가야만 했다. 또 성공할 기미가 보이면 더 힘을 키우기 위해 해야 할 일이 많았다.

내가 의식한 것은 프로젝트의 최종형태인 이미지를 어떻게 전달할 것인가 하는 문제였다. 목적, 그리고 어떤 식으로 완성할까에 대한 개념, 다시 말해서 프레임워크framework를 전달하고, 이건 꼭 이런 식으로 완성할 것이기 때문에, 하고 설명을 해준다. 최종목표다. 간단한 일은 아니지만, 전달해야 한다고 신경을 쓰면 스스로도 이상적인 최종형태의 이미지를 상상하게끔 의식하게 된다.

그런 뒤, 그녀들은 아이디어를 차례차례 구체화해갔다. "초등학생을 초점 그룹focus group으로 할까?", "양호 교사를 초점 그룹으로 하는 건 어떨까?", "먼저 후쿠오카福岡 지역에서 시험해보자", "이런 결과라면 이런 걸 해보는 건 어때?" 하고, 한 가지를 실행할 때마다 그 다음 해야 할 일이 자연스레 떠오르는 식의 감각이었는지도 모른다.

연구소나 공장, 판촉 등의 타부서 사람들의 힘도 빌렸고, 나로서는 플랜을 들었을 때 오차가 날 성싶은 께름칙한 부분을 주목하여 프로젝트 리뷰를 해보도록 당부하고, 타이밍을 가늠하여 어드바이스를 하도록 했다. 그녀들이 더욱 자신감을 얻으며 더 적극적으로 다음 플랜으로 나아갈 수 있게 돼가는 걸 느꼈다.

모든 걸 지시해야만 되는 부하는 그 업무에 적합하지도 않고 진지하게 그 일을 하고 있지 않을지도 모른다. 스스로 생각해서 적극적으로 추진해가도록 만들고 부족한 부분은 매니저가 헤아려서 보조를 해주고 성취감을 맛보게 해주는 것이 인재양성이다.

> ◐ 목적, 그리고 어떤 식으로 완성할까에 대한 개념, 다시 말해서 프레임워크를 전달하고, 이건 꼭 이런 식으로 완성할 것이기 때문에, 하고 설명을 해준다.

위스퍼 시절에 여러 개성을 지닌 부하와 만났기 때문에 프로젝트를 던져주는 방법이나 접하는 방법을 한 사람 한 사람에 맞게 배려하는 것이 중요하다는 걸 배웠다. 그런 경험을 통해 언제부터인지 인재양성이 힘들다는 생각도 사라져버렸다.

보이지 않는 것을 보는 힘

브랜드 매니저에게는, '보이지 않는 것을 보는 힘'이 필요하다. 육성할 브랜드의 리더로서 장래 목표로 삼아야 할 브랜드의 비전을 다른 사람이 볼 수 없더라도 상상을 하고 비전의 실현을 향해 사람을 이끌고 가는 힘이 필요한 것이다.

비전을 공유하더라도 말로야 이해할 수 있지만 형태가 눈에 보이지 않으니 알 수가 없다거나 아직 믿을 수가 없다는 사람들에게 정말 있는 듯이 얘기해주고 부하를 비롯하여 주위 사람들을 끌어들여 함께 나아가는 것이야말로 진정한 리더가 해야 할 일이다.

예를 들자면, 리더는 배의 선장과 같은 존재다. 자동차 운전이라면 고속도로를 나는 듯 달리더라도 동승한 사람은 함께 표지판을 보고 있으므로 가고 있는 방향을 자연스럽게 알 수 있다. 오른쪽으로 돌아가면 그렇게 돌아가는 모습도 확인할 수 있다. 하지만 배에서는 알 수가 없다. 육지가 보이지 않아 방향을 전환하고 있는 모습을 확인하기 쉽지 않기 때문에 최종 목적지와 진행방향을 제대로 알고 있는 건 선장뿐이다. 키를 어떻게 조종하고 돛을 어떻게 올리고 내리면 좋을지, 그것이 선장(리더)이 알아두어야 할 전략이며 전략적 행동인 것이다.

승선자들 가운데에는 남들보다 먼저 그 목적지에 찬동을 하고 "역시 그렇군요, 알겠습니다. 함께 가겠습니다" 하고 말하는 사람들이 있다. 대다수 사람들은 뭔지 잘은 모르지만, 업무적으로 가야만 할 것 같아 '그래, 한번 따라가볼까' 싶은 마음일지도 모른다. 차츰차츰 사업상의 관문들을 헤쳐가고 목적지가 확연해지면 승선자들의 사기가 올라간다. 성공이 가까워지면 그 승리조의 선박에 오르고 싶어 하는 사람이 늘고, 항구가 보이면서부터는 경우에 따라 헬리콥터를 타고 배에 오르려는 사람도 있다. 나는 브랜드 매니저의 일이란 언제나 그런 배를 몰고 달리는 일이라고 생각한다.

● '미스 위스퍼'의 등장

다른 회사의 톱 브랜드가 군림하고 있는 품목에 후발주자로 신규 참여를 하는 위스퍼가 성공하기 위해서는 기존 브랜드와 다른 일을 벌여 소비자의 흥미를 끌 필요가 있었다.

위스퍼의 최우선 공략대상primary target은 18~28세에 취직해서 사회활동을 하는 활동적인 여성이다. 그래서 이 최우선 공략대상들이 동경하는 존재로서 위스퍼를 의인화시킨 캐릭터를 설정했다.

그것이 '미스 위스퍼'였다. 미스 위스퍼는 심리적 속성psychograph 모델이기도 하고, 그것을 이용한 일련의 마케팅 캠페인 전체를 가

리키는 것이기도 하다.

TV 광고도 연예인을 기용하지 않고, 미스 유니버스 일본 대표 출신으로 사진작가로 활약하고 있던 오리사쿠 미네코織作峰子* 씨처럼 커리어를 쌓아 각 분야를 빛내고 있던 사람들을 '미스 위스퍼'로 등장시켰다.

이렇게 해서 제품 개발에 이어 광고 전략까지 결정이 되고, 마침내 신제품 위스퍼가 세상 한가운데로 뛰어들었다. 그물망으로 처리한 겉면이 뽀송뽀송한 느낌을 오래 가게 하는 드라이 매쉬 시트 제품이었기에 '깔끔하게 씻어 맨살에 착용한 듯한 느낌'을 소비자에게 던지는 메시지로 설정했다. 몇 차례 수정을 거치면서 다시 짜낸 새로운 포지셔닝을 소비자에게 전하는 유효한 슬로건catch-phrase이었다.

선행 판매지역에서 발매를 개시하고부터 다시 주문이 들어오기까지 3개월 동안은 불안에 휩싸인 채 상사에게서 대응책을 추궁당하며 조심스럽게 한 발 한 발 내딛는 세월이었다. 생리용품은 집에 두고 쓰는 편이기 때문에 반응이 나와서 구매행동으로 불이 붙기까지는 시간이 걸린다. 과연 4개월째부터 차츰차츰 주문이 들어왔다.

그리고 그 1년 뒤인 1987년에는 더욱 획기적인 상품인 '날개 달린 위스퍼'를 시장에 투입했다. 한 번만 보고 나면 왜 지금까지 이런

• 역주) 1960년 이시카와石川 현 출생. 1981년 뉴욕에서 열렸던 미스 유니버스 대회에 출전. 1982~1987년까지 사진작가 오다케 쇼지大竹省二한테서 사진수업을 받고 독립한 뒤, 사진작가로 활동. 현재 오사카 예술대학 사진학과 교수.

게 없었을까 싶을 만큼 매력적인 상품이었기에 이 상품에는 시장도 금세 반응을 보였다. 광고 슬로건은 '위스퍼에 날개가 돋았다. 바로 이런 거야'였다.

그 뒤로도 '초박형 슬림 스타일'이나 한번에 접착 시트를 벗겨낼 수 있는 '원스텝 랩one-step wrap' 등, 소비자가 놀라고 납득할 수 있는 신제품을 잇따라 내보냈다.

그리고 제1탄의 발매로부터 3년 뒤인 1989년에 위스퍼는 일약 톱 브랜드로 급성장하게 되었다.

● 뻔한 룰로 승부하지 않는다

이처럼 곤란하게 여겨지던 위스퍼의 성공 이면에 "어떤 비책이 있었는가?" 하는 질문을 받을 때가 있다. 하나의 방책이나 이유 때문은 아니겠지만 가장 으뜸가는 성공의 이유를 꼽으라면 제품의 성능이 특출하게 뛰어났다는 점이다. 경쟁상품과 비교했을 때 압도적으로 뛰어났던 위스퍼의 '드라이한 감촉'은, 그 당시 소비자 뉴스 랭킹 10위 정도밖에 되지 않았다. 실제 체험해본 적도 없는 수준 높은 드라이한 감촉은 말로만 전달해서는 소비자 입장에선 좀체 상상하기 힘든 것이었다. 그렇기 때문에 독특한 마케팅 플랜이 필요했던 것이다.

제품의 압도적인 우위성에다 플러스알파를 한 마케팅 계획이 있었기에 상승효과를 발휘하며 단기간에 톱 브랜드로 성장해갈 수 있었던 것이다.

또 한 가지, P&G의 영업 담당자 수는 경쟁상대였던 가오花王 그룹의 10분의 1 정도밖에 되지 않았다. 당시엔 타사와 경쟁하기 위한 조건을 두루 갖추지 않고는 이길 수 없다는 사고가 주류를 이루고 있었다. 훗날 내가 더 윗자리의 매니저가 됐을 때 본사 사장에게 "가오花王 수준까지는 가지 못하더라도, P&G도 (영업 담당자 수를) 좀 더 늘리는 게 어떻겠느냐"고 제안한 적이 있었다. 대답은 '노'였다. 후발주자인 P&G가 똑같은 식으로 영업을 해봤자 경쟁사보다 더 잘하리라는 보장도 없으니 좀 다른 방식을 강구해보자는 메시지였다. 그런 사고방식은 나로서 충격적인 것이었기에 큰 영향을 받았다.

경쟁회사를 상대하려고 후발주자가 흉내를 내면서 동일한 조건을 갖추려 하는 것은 뻔한 룰이 지배하는 링 안에서 승부를 가리는 것과 같다. 그보다는 나름의 방식으로 다른 룰을 만들어 싸우는 편이 성공할 가능성이 더 높다는 사고방식이었다.

● 사람을 끌어들이려면 비전을 공유하라

위스퍼 브랜드가 성장함에 따라 함께 일하는 직원의 수도 점점 늘어났다. 100억 엔 단위로 펼치는 사업이 생겨날 정도였기 때문에 해야 할 일이 점점 더 많아져 그때까지보다 더 많은 주위 사람들을 끌어들여야만 했다.

'주위 사람을 끌어들인다'는 말은 자기가 하면 좋을 일을 남한테시키는 게 아니다. 비전을 공유하는 것이다. 공통의 비전을 가지고 있는 상황에 따라 멤버들을 움직이게 하는 것이다. 사람을 끌어들이려면 그런 상황을 조성하고 유지해가야 한다.

우선 비전이 있고, 그 밑에 비전을 달성하기 위한 전략이 몇 개쯤 있고, 각각의 전략을 구체적 행동으로 옮기기 위한 실행 계획이 있다. 그렇게 보여줌으로써 각 부문별 역할 분담이 명확해진다. 그것이 또한 그 밑에 속한 각 담당자의 역할로 갈라져나간다. 자신의 역할이 전략에 어떻게 공헌하는지 알기 때문에 비전을 공유할 수 있는 것이다.

진척 상황의 확인도 도미노처럼 결과가 전략의 나무를 타고 올라가는 형태가 된다. 담당자 전원의 결과가 모여 각 부문의 합계가 나온다. 이러한 비전과 전략의 연관관계를 멤버들이 정확히 이해하여 납득할 수 있게 하는 것이 정말 중요하다.

위스퍼라는 인재양성 공장

> '주위 사람을 끌어들인다'는 말은 비전을 공유하는 것이다. 공통의 비전을 가지고 있는 상황에 따라 멤버들을 움직이게 하는 것이다. 사람을 끌어들이려면 그런 상황을 조성하고 유지해가야 한다.

내가 P&G를 은퇴할 때 옛 부하와 광고 대리점 사람들이 연표판chronology board 한 장을 선물로 주었다. 그 연표판에는 위스퍼 발매를 준비하기 시작했던 1984년부터 2000년까지 역대 위스퍼 담당자 사진이 각자의 코멘트와 함께 새겨져 있었다.

어시스턴트 브랜드 매니저, 브랜드 매니저, 마케팅 매니저, 마케팅 디렉터, 제너럴 매니저 등 계층별로 나뉘어져 있고, 파트너로서 함께 팀을 짰던 광고대리점 사람들도 있었다.

내 이름도 1986년까지는 브랜드 매니저, 1989년까지는 마케팅 매니저, 1992년부터는 마케팅 디렉터, 1995년에는 제너럴 매니저로 시간대별로 들어가 있다. 한 사람 한 사람이 스텝을 밟듯 승진해 올라간 모습을 알아볼 수 있다. 모두 다 정말 우수한 사람들이었다.

또 위스퍼의 마케팅 멤버로 상당히 이른 단계부터 남성을 섞어놓았다. 여성이 판매 대상인 생리용품이지만 브랜드 팀을 여성만으로 짜서는 안 되겠다고 생각했기 때문이다. 여성용 제품의 마케팅이라면 여성 중심의 팀을 짜는 곳도 있겠지만, 마케팅 분야만이 아니라 모든 조직은 여성전용 남성전용 식의 한쪽으로 치우친 편성을 하게 되면 기회를 놓칠 가능성이 있다.

여성스러운 관점, 남성스러운 사고방식을 접목시키면 새롭고 독특한 아이디어가 나올 수도 있다. 가능하다면 남녀 균형만이 아니라 일본인과 미국인 등 국적과 연령 등에서도 다양성을 갖는 조직이 이상적이다.

이 연표판을 보고 다시 한 번 느끼는 점은, '비즈니스가 사람을 키운다'는 것이다. 급격하게 성장했던 위스퍼라는 브랜드는 흡사 인재양성 공장 같았고, 그곳에서 함께 일한 사람들에게 도전할 기회를 주면서 착착 키워나갔다.

이미 얘기했던 대로 P&G는 인재양성을 무척 중요시하고 있는데 그것은 비즈니스를 영속적으로 발전시키기 위한 것이다. 사람을 키우다는 것은 그 자체가 최종목적이 아니다. 눈앞의 비즈니스를 더 크게 성장시키려고 개개인이 힘을 발휘한 결과, 자신도 크고 또 누군가를 키울 수 있었다는 것을 이 위스퍼 연표를 보면 확연히 알 수 있다.

위스퍼 칼리지

1987년에는 일본시장에서 성공을 거둔 위스퍼를 아시아 시장으로 확대 전개하자는 결정이 내려졌다. 전년도에 리처드슨 빅스 Richardson Vicks 사를 인수함으로써 P&G의 아시아 거점이 상당히 늘었다. 일본에서의 성공을 기반으로 체격이 일본인과 비슷한 사람들이 사는 가까운 아시아 여러 나라로, 미국의 올웨이즈가 아니라 위스퍼형 제품과 미스 위스퍼 마케팅 계획을 전개하기로 한 것이다. 그해에 나는 마케팅 매니저로 승진했다.

글로벌 노하우의 전개는 '위스퍼 칼리지College'라고 이름 짓고, 먼저 아시아 각국의 국내 총괄 매니저country manger들을 소집하여 세미나를 열고, 일본에서 발매를 위해 준비했던 사항들과 실제 상표명을 붙이기branding까지 어떤 일들을 했는지 개요를 설명했다.

위스퍼 칼리지에서 강사를 맡고 각국에 조언을 하는 역할은 나에게 글로벌 경험을 하게 해주었다. 사내 컨설턴트 같은 역할이었다.

그런 다음, 실제로 발매 준비에 착수하는 나라마다 개별적으로 대응해나갔다. 각국에서 담당자를 받아들여 위스퍼의 마케팅을 가르친 것이다. 일본에 있으면서 다국적 사람들을 훈련시키는 도전이었다.

> 세계화란 하나의 제품이나 서비스가 국경을 넘어 국제적으로 확대되어가는 것만이 아니라, 인재의 등용이나 활약이 국가 단위를 넘어서 이루어지는 것이라는 점이 중요하다.

예컨대 인도의 경우, 현지 인도인 어시스턴트 브랜드 매니저가 일본으로 와서 일본 내의 그룹과 1년 정도 함께 일하면서 OJT를 통해 위스퍼 마케팅을 배웠다. 그녀가 이윽고 인도 현지의 법인으로 돌아가면 그곳에서 위스퍼 브랜드를 출범시키는 브랜드 매니저로 활약하게 된다.

출범launch을 위한 준비라고는 하지만 알지도 못하는 일본에서 실제 업무를 통해 배우고 현지로 돌아가는 것은 상호간에 엄청난 노력과 시간을 요하는 일이었다. 이것은 당시 일본 법인의 사장이었던 더크 예거Durk Jager 씨가 제안한 것이었다. 성공하면 굉장한 비즈니스가 될 브랜드였는데 귀동냥만으로는 무리라고 생각했기 때문이다.

게다가 일본 위스퍼 팀에는 파키스탄인과 중국인 등이 연달아 연수를 위해 파견돼오고 있었다. 일본인 스태프로서도 국적과 문화가 다른 사람들과 책상을 나란히 해서 일함으로써 국제적 감각이나 비즈니스상의 다양한 시각을 익힐 수 있는 귀중한 학습 경험이었다.

세계화란 하나의 제품이나 서비스가 국경을 넘어 국제적으로 확대되어가는 것만이 아니라, 인재의 등용이나 활약이 국가 단위를 넘어서 이루어지는 것이라는 점이 중요하다. 그런 점에서 다양성을 접하며 배워나가는 것이 곧 기업이 세계화를 통해 강해지는 것이다.

미국 MBA 학생이 놀란 일본인 여성 매니저

1980년대 말엽은 P&G가 커다란 성공을 거둔 시기였다. 위스퍼만이 아니라 팸퍼스도 아주 큰 브랜드로 성장했다. 일본의 성공사례를 배우고자 '위닝 인 재팬Winning In Japan'이라는, P&G의 일본 내 성공에 관한 사례연구case study 과정이 미국 하버드 비즈니스 스쿨에 개설되기까지 했다.

그러자 미국의 주요 비즈니스 스쿨에서 MBA 학생들이 봄방학을 이용해 일본에 오게 되었다. 당시의 통산성通産省이나 소니, 혼다 외에 P&G도 방문하고 싶어 했기에 2일간의 일정으로 프로그램을 만들었다. 종이제품을 생산하는 아카시明石 공장 견학과, 일본의 비즈니스와 리크루팅 설명회 등을 상사와 짝을 이뤄 진행했다.

그들은 일본 기업에 대해 열심히 공부하고 왔던 까닭에 여성인 내가 마케팅 매니저라는 중요한 포지션을 담당하고 있는 사실에 놀라는 것 같았다. 프레젠테이션을 한 뒤 질의응답 시간에 "어떻게 그런 자리에 앉게 됐나", "힘들지 않았나?"라는 식의 질문들만 쏟아졌다.

브랜드 매니저를 7년간 경험한 뒤, 위스퍼로 성공한 것도 있고 해서 마케팅 매니저가 된 것이긴 하지만, 일본인 여성이 중요한 포지션을 맡고 있다는 사실만으로도 P&G가 일본시장에서 확실히 성공하고 있다는 걸 보여준 셈이다.

The Procter & Gamble Company

제3장

다시 시작하다
– 마케팅 디렉터 시절

1. 팀의 재생

🌑 비즈니스 전환의 계기를 맞다

'위스퍼'가 폭발적으로 매상을 늘려가고 팀으로서도 극히 좋은 상태였던 그 시기에 회사로부터 뜻밖의 얘기를 들었다. "모발제품 haircare 사업부로 가달라"는 말이었다.

너무 놀랐고, 이동은 절대 싫었다. 그때 모발제품 사업이 어려웠던 상황 탓이기도 했지만, 무엇보다도 위스퍼와 헤어진다는 건 생각도 할 수 없었다.

'위스퍼에서 손 떼게 하면 라이벌 회사로 가버릴 거야!' 하고 3일쯤 이동을 거부하고 있자니, 본사의 중역이었던 더크 예거 씨(전출됨. 전 P&G CEO 겸 회장)한테서 전화가 걸려왔다. "와다 씨, 그런 말 하지 말고 '리조이'를 부탁해요. 위스퍼는 이미 전략도 있고 인재들도 잘 컸어요"라는 말을 듣고 마지못해 승낙했다. 하지만 돌이켜보면 이러한 역경이 나에게 비즈니스 전환turnaround의 계기를 가져다주었다.

모발제품 사업부에도 우수한 인재들은 허다했지만 발매 직후에 큰 문제가 생겨 팀 전체의 사기가 가라앉아 있었다. 그런 상황에서 긍정적인 기분으로 성공을 확신할 수 있는 외부인인 나라는 존재가 필요했던 것이다.

"정말 잘 될까", "이게 팔릴 턱이 없어"라는 사내의 부정적인 반응은 위스퍼에도 초기에 있었다. 그랬던 것이 비즈니스가 성공함에 따라 모두 그 브랜드를 아주 좋아하게 된 것이다. 그런 만큼 나는 '리조이'에서도 동일하게 반전을 시킬 수 있다고 믿었다.

태초에 과제가 있었고, 조직이 있었다

"위스퍼를 성공시켰는데 어째서 그 다음에 곤란한 사업부로 보냈나?"라거나, "같은 부서에 몇 년 이상 있으면 안 된다는 법이라도 있는 건가요?"라는 질문을 받기도 하지만, 나는 그럴 때 P&G에서 곧잘 말하는 'Flow to the Task'라는 말을 떠올린다.

즉, 우선 해야 할 일task이 먼저 있고 거기에 따라 대처한다는 것이다. '적재적소適材適所'라는 말이 있으나, 바른 순서는 '적소적재適所適材'가 맞는 것 같다. 온갖 프로젝트의 출발점은 과제를 찾아내는 데서 시작되고, 그 다음 무엇을 해야 할 것인지를 결정한다. 그리고 그것을 수행해낼 수 있는 인재를 등용하는 것이다.

사람을 보고 부여할 과제나 맡길 비즈니스를 강구하는 것이 아니라 필요한 일이나 역할을 가장 먼저 정의한 다음, 거기에 부응하는 능력을 지닌 인재를 찾아내도록 하는 것이다. 그래서 '적소적재'다.

때로는 조직 자체를 바꿀 필요성이 생길 수 있다. 지금까지와는 다른 과제가 발생할 때다. 당연히 해오던 방법을 바꿀 필요가 생기겠지만 지금까지 있어온 조직은 지금껏 해오던 방식을 위해 디자인된 것이다.

P&G에는 "조직의 결과는 조직의 구조 나름The organization is designed to deliver the results it gets"이라는 말이 있다. 회사에서도 사업부에서도, 결과란 그 조직의 구조와 상태를 반영하고 있다는 것이다.

참담하기 이를 데 없는 결과가 나왔을 때는 눈앞의 일만 만지작거려선 안 되고 더 기초적인fundamental 것을 바꿔야 하는 상태로 돼 있는 경우가 많다.

기초적인 것이란 비전과 전략, 중요한 의사결정을 하기 위한 조직의 구조 등을 말한다.

지금까지와는 다른 과제가 발생했음에도 불구하고 그때까지의 조직을 유지하고자 애쓰는 건 무의미한 일이다. 조직의 유지 자체를 고집하는 건 주객의 전도다. 나날이 발생하는 문제들을 무난하게 해결하기 위해서는 상황에 맞추어 일하는 방식을 바꾸는 유연성flexibility이 매우 시급하다.

조직을 바꾸는 건 리더의 역할이다. 중간관리직이나 현장 사람들에게 좀 더 잘하라거나 노력이 부족하다고 끊임없이 말해봤자, 기초적인 것을 바꾸지 않는 한 결과가 크게 바뀌거나 개선되는 일은 없을 것이다.

극적인 변화가 필요한 경우에는 일하는 방법을 바꾼다, 또는 조직의 형태를 바꾼다는 게 어

> 사람을 보고 부여할 과제나 맡길 비즈니스를 강구하는 것이 아니라 필요한 일이나 역할을 가장 먼저 정의한 다음, 거기에 부응하는 능력을 지닌 인재를 찾아내도록 하는 것이다. 그래서 '적소적재' 다.

쩌면 말로 하기 쉬울진 모르겠으나 실제로 착수할 수 있는 사람이 적은 까닭은 무의식적으로 변화를 싫어하기 때문일지도 모른다.

● 마이너스 상태에서 재생한 팀

모발제품 분야는 일본에서 막 생긴 사업이어서 일본 최초인 린스 겸용 샴푸 '리조이'가 시장에 투입된 첫 브랜드였다. 테스트 마켓이 성공을 거둔 다음 샴푸와 린스를 한번에 사용할 수 있는 획기적인 신제품이라는 슬로건 아래 지역별로 순차적인 발매를 개시했다.

그런데 간토(關東, 도쿄를 중심으로 한 지역) 지구에서 발매하던 중, 품질에 대한 불만이 있는 듯한 소비자 클레임이 제기돼 회사에선 출하를 정지하지 않을 수 없는 상황에 처했다. 내용은 "머릿결이 고와지지 않는다"는 것이었는데, 어찌됐든 제품의 품질에 하자가 발견된 모양이었다. 인체에 영향을 주는 트러블은 물론 아니었지만 린스 효과가 너무 강해 머릿결이 고와지지 않는다고 느낀 고객이 있었던 것이다.

> 책임을 물어 담당 책임자를 퇴출시키는 방식보다는 눈을 밖으로 돌려 어떻게 하면 잃어버린 소비자의 신뢰를 다시 찾아올 수 있을지 전원이 지혜를 짜내도록 끌어가는 게 진정한 리더의 역할이다.

발매 직후에 자발적으로 회수를 했기 때문에 매장이나 유통은 혼란스러운 클레임의 폭풍이었다. 내가 마케팅 매니저로 부임한 것은 바로 화재 현장 한복판이었다.

상품이 팔리지 않는 현장의 분위기란 흔히 안 좋은 법이지만 그때도 역시 부서끼리 서로를 비판하며 '이번 혼란은 우리 책임이 아니다'는 생각을 했다. 누구도 바라지 않았겠지만 엄청난 기대를 하고 신상품을 출시하자마자 일이 잘못돼 팀워크가 완전히 깨져버린 것이다.

성공은 사람을 끌어 모으지만 실패하여 혼란을 초래하면 사람들의 힘은 반대방향으로 작용한다. 가라앉는 배에서 사람들은 도망치는 법이고, 아무리 해도 기분은 위축되기 마련이다.

이런 팀을 되살려내기 위해서는 먼저 공통된 목표를 확인하는 것이 중요하다. 다른 조직에서 온 내가 새로운 발상이나 사고방식을 제시하고 팀원들을 이끌어가려 해도 비즈니스란 혼자 할 수 있는 게 아니다. 처져 있는 조직의 동기motivation를 강화하는 것이 가장 급선무였다.

그래서 마케팅 부서만이 아니라 연구소, 생산부서, 영업부 등의 관계자들도 소집하여 비공개 회의offsite meeting를 열었다. "이런 결과는 누구도 바라지 않았고, 의도한 것도 아니다", "고려해야 할 점은, 소비가가 원하는 상품으로 돌아가는 것" 등을 재확인했다.

그런 다음에 사업부의 비전과 전략, 리조이의 비전과 전략에 대해 다시 한 번 토론을 했다. 새로 공유한 바탕 위에 문제를 해결하기 위한 방법과 구조를 짜내기 위한 토론이었다. 문제가 빚어진 것은 유감이지만 신규 사업이란 원래 예기치 않은 일이 때때로 생기기 마련이다. 그것을 이겨내고 다음 일을 위한 교훈으로 삼아 노하우를 쌓아가면서 조직은 성장해간다.

책임을 물어 담당 책임자를 퇴출시키는 방식보다는 눈을 밖으로 돌려 어떻게 하면 잃어버린 소비자의 신뢰를 다시 찾아올 수 있을지 전원이 지혜를 짜내도록 끌어가는 게 진정한 리더의 역할이다. 나뿐만 아니라 다른 부문의 디렉터나 사업부의 제너럴 매니저들도 동참하게 함으로써 리더들도 같은 벡터vector로 움직이는 한 배를 타고 있다는 걸 보여주었다.

🔵 내부 지향, 외부 지향

이처럼 멤버들의 시선을 바꿈으로써 팀을 재생으로 이끌었다. 'External Focus, Internal Focus'라는 표현이 있다. 풀이하자면 '바깥'으로 시선을 향한다, '안쪽'만 바라본다는 뜻이다.

팀 안에서 악당을 찾고 있는 때는 인터널 포커스internal focus 상태다. 다양한 브랜드를 생산하는 회사에서, 그것도 각 사업부제로 나뉘어 있는 경우에 곧잘 일어나는 일이지만, 제각각 자기네 사업부

일을 우선시하고 회사 전체의 우선순위를 고려하지 않으며, 또한 약해진 브랜드를 되살리는 데 충분히 시간을 쏟지 않으면 부문 간 의견차이나 팀워크의 악화로 전체가 침체되고 만다. 이런 경우가 인터널 포커스다.

브랜드를 구매하는 소비자는 제품을 사는 것이지 사업부를 사는 것은 아니다. 사업부 내부가 잘 돌아가든, 제대로 돌아가지 않든 그런 건 아무 상관없다.

성공하고 싶다면, 항상 눈을 '밖'으로 향하도록 의식적으로 노력해야 한다. 소비자를 붙잡아서 자사 제품을 주요한 선택지의 하나로 인식시키기 위해 무엇을 할 수 있을까? 사업부장의 체면도 부문장의 체면도, 제품이 팔리지 않는 한 아무 의미도 없다.

● 신기한 팀 만들기 게임

회사 내에 팀 구축team building을 활성화시키는 퍼실리테이터facilitator가 있었다. 합숙형의 팀 구축을 도와주는 믿음직한 전문가로, 경험이 풍부하고 나이 지긋한 외국인 여성이었다.

이 퍼실리테이터가 하는 신기한 게임이 있다. 팀 구축 세션이 시작되면 곧바로 하는 게임이다. 참가자 가운데 체격이 좋은 사람을 뽑아서 의자에 앉게 한다. 참가자 가운데 여성이 있으면 그 여성을 포함한 3명과 퍼실리테이터가 제각각 손바닥을 모아 합장한 상태로 각자 포갠 검지 두 개를 이용하여 겨드랑이 밑, 무릎 밑에 각자

손가락을 집어넣어 80킬로그램은 돼 보이는 그 남자를 들어 올리게 한다. 그게 될 리가 없다.

다음에는 들어 올리는 데 실패한 4명이 원을 그리고 둘러서서 원 한가운데로 팔을 뻗어 손바닥을 차례로 쌓고 쌓으며 겹쳐 올라가 팔이 위로 들릴 때까지 계속 쌓아간다. 그러는 동안 4명 모두 각자 '들어 올릴 수 있어' 하고 정신을 집중한다. 그게 끝나고 똑같은 방법으로 의자에 앉은 남성을 들어 올리면 이번에는 거뜬히 들어 올릴 수 있다.

나도 이 게임을 몇 번이나 한 적이 있지만 정말 신기하게도, 정신을 집중시킨 다음에는 들어 올릴 수가 있었다. 숨기는 것도 속이는 것도 없다.

해야겠다는 마음, 집중도commitment가 높아지면 언뜻 불가능하고 무리인 듯싶던 일도 해낼 수 있게 된다는 예를 배우는 게임이다.

● 실패에서 배워라

실패의 경험에서 많은 것을 배울 수 있는데 그것을 방해하는 것 가운데 하나가 조직의 서열체계Hierarchie다.

새로 담당한 비즈니스가 지금껏 잘 안 됐다고 가정해보자. 누가 담당을 했든 실패한 이유를 분석하고, 이유와 개선책을 공유하면서 같은 실수를 반복하지 않도록 학습해나갈 것이다. 그리고 그 학습을 토대로 지금의 프로젝트를 성공시킬 전략과 계획에 필요한 것을 반영할 것이다. 이것이 실패에서 배우는 교훈이다. 하지만 전임자가 선배라거나 대단한 사람이라면 눈치를 살피며 실패작이었다는 말도 못하고 분명하게 총평을 하지 못할 때가 있다. 조직의 서열체계를 우선시하게 돼버리는 것이다. 하지만 그래서는 모처럼의 기회를 충분히 학습할 수 없게 된다.

개인과 비즈니스 결과를 따로 분리해서 생각하는 의식을 철저히 가져야 한다. 실패했다고 인정하는 것은 개인을 비난하려는 게 아니다. 실패를 되풀이하지 않기 위해서도 일어난 일과 일어나지 않았던 일을 말끔히 분석해야 한다고 조직 멤버들에게 거듭 설명하는 노력이 필요하다.

글로벌 파도와 싸우다

외자계 기업인 P&G가 일본에서 뿌리를 뻗고 성공하기 위해서는 조직의 글로벌화를 추진하는 한편, 지나치거나 그릇된 글로벌 파도와 맞서 싸워야만 했다.

나의 경력에는 그렇게 싸우는 상황이 다수 있다. 의견이 통한 적도 있고 통하지 않았던 적도 있지만, 모두 귀중한 경험으로 남아 있다. 여기서 그 예를 소개해보겠다.

모발제품 사업부의 첫 브랜드 리조이는 앞서 미국이나 유럽에서 성공을 거둔 상품이었다. '샴푸인데 린스 효과까지 얻을 수 있는 편리함'이 포지셔닝이었다. 그것은 세계 각국 공통이었다. 일본도 예외가 아니었고, 일본 소비자들은 기술혁신에 기초한 독특한 포지서닝이라고 호평을 했다.

리조이 발매가 경쟁 회사의 유사 제품 발매를 부를 정도로 린스 겸용 샴푸 부문은 성장했다. 이윽고 정점에 이르러 성장이 둔화돼가는 조짐이 나타나기 시작했을 때의 일이다. 그 부문이 한층 더 성장할 것으로 기대하고, '편리함'을 계속 어필해오던 그때까지의 글로벌 접근방식보다 '뛰어난 샴푸 효과'라는 새로운 포지서닝으로 그 부문의 점유율을 높이는 게 낫지 않을까 하는 생각을 했다. 실제 사용자들의 반응과 둔화 기미를 보이던 그 부문의 성장곡선을 보고 세운 가설이었다. 그러나 미국과 유럽에서는 린스 겸용 샴푸 분야가 계속 성장하고 있었기 때문에 일본도 계속 클 것이 틀림없다, 지금 하는 식으로는 충분치 않다는 생각들이 있었다. 애써 마련한 글로벌 포지서닝을 버리지 말고, 새로 사업방법을 고안해보라는 조언을 톱 매니저한테서 들었다.

'어느 분야든 같은 경향으로 가게 된다'고 보는 시각과 '일본은 예외다'라는 시각은 정반대의 인식이다. 일본은 샴푸 뒤에 머리칼을 보호하는 제품군(린스, 컨디셔너 등)의 사용빈도가 세계에서 단연 톱이었다. 이러한 소비자 성향을 알고 있었기 때문에 글로벌 포지셔닝과 결별하자는 제안을 했던 것이다.

'뛰어난 샴푸 효과'로 포지서닝을 하여 광고 대리점과 함께 전혀 새로운 타입의 광고 스토리보드를 작성했으나, 글로벌 포지서닝이나 그때까지 성공했던 광고 패턴과 다르다는 여러 이견들이 제기돼 금방 제작 허가가 나진 않았다.

여러 달 동안 본사와 교섭을 한 끝에 마침내 TV 광고를 만들어서 테스트 지역방영에 가지고 갔다. 테스트 방영을 시작한 지역의 매상은 글로벌판 TV 광고가 방영되고 있던 다른 지역보다 크게 약진을 했다. 그러나 쉽사리 전국으로 확대 방영하는 걸 허락하지 않아서 어쩔 수 없이 1년 가까이 테스트 상태에 머물렀다. 이윽고 '뛰어난 샴푸 효과'의 포지셔닝이 더 큰 비즈니스가 된다는 결론이 나고, 전국으로 그 광고가 흘러나가게 되었다.

그러는 사이에 2년 가까운 시간이 흘렀다. 우리들이 생각한 포지셔닝과 그 TV 광고가 인정을 받았을 때는 광고 대리점과 함께 기뻐했지만 좀 더 빨리 인정받지 못했던 점은 큰 좌절감을 안겨주었다.

● 실패도 자산이다

시간이 걸리더라도 경영진을 설득할 수 있다면 좋겠지만 반론할 만한 자료나 이론, 대안을 내놓지 못했을 때는 표준화라는 세계화 파도에 쓸려가버린 경우도 있었다.

그것이 하나의 원인으로 작용하여 철수할 수밖에 없었던 브랜드가 '헤드&숄더'였다. 1990년에 테스트 마켓을 시작한 비듬용 샴푸인데, 미국에서는 아주 큰 브랜드로 자리 잡고 있었다.

일본에서도 가오花王의 '메리트'가 이 분야에서 큰 시장점유율을 차지하고 있었으므로 헤드&숄더의 발매(테스트 마켓)는 마켓 리더에게 직접 도전장을 내미는 격이었다. 우리는 출발부터 고전을 면치 못했다.

제품의 퍼포먼스가 훌륭하다는 건 충분히 확인했지만 포지셔닝이 '비듬 제거'여서 제품의 메리트와 중복되고 있었다. 효과적인 TV 광고 개발에 정성을 쏟았고 앞서가는 성공사례로 멕시코가 꼽혀 이를 본뜨자는 요청을 받았다. 멕시코의 표현은 일본인에게 호감을 주기 힘들다고 생각했지만 멕시코 광고의 일본판까지 포함해서 신발매 광고 검토를 계속했다.

좋은 대안이 나오지 않을 때 다른 나라에서 쓴 걸 응용하는 경우가 있다. 잘 되는 경우도 있고 안 되는 경우도 있기 때문에 각 케이스마다 일본 소비자들을 우리 편으로 삼아 검토를 해가는 것이다.

제품의 라인업은 시스템 라인업(샴푸와 린스)에 더해 린스 겸용 샴푸도 상품군에 넣어 발매하기로 했다. 어느 쪽이든 한쪽만으로 라인업을 해도 충분하다고 생각했지만, 구미지역의 성공사례를 염두에 둔 최고 경영진의 요구를 무시할 수는 없었다.

그 결과 헤드&숄더의 아이템 수는 20SKU(품목) 가까이 돼버리고, 소매 점포에 진열시키기엔 너무 많았다. 제품 배송률은 목표를 크게 밑돌았다.

경쟁사의 맹렬한 방어활동이 우리 마케팅을 크게 상회하면서 더욱 공세를 강화했다. 인지도, 시제품 사용, 구매율 수준 등 모두 기대치를 밑돌고 매상도 그것을 반영해, 1년여의 테스트 마켓을 한 뒤 발매를 중지하기에 이르렀다.

제품 개발에서 마케팅까지 애써 준비해온 신제품을 전국 발매를 포기하고 마켓에서 철수시킨 건 몹시 애석한 일이었지만 이 실패의 경험이 소중한 자산이 되었다. 다음에 새로 발매를 앞두고 있던 '팬틴'이라는 브랜드의 계획에도 여러 가지 형태로 반영되었다.

데이터로 증명하라

팬틴은 원래 P&G가 인수한 리처드슨 빅스사의 브랜드였는데, 일본에서 주력해온 제품은 중년남성용 토닉과 발모제였다. 이런 팬틴을 글로벌 브랜드로 재생시키기 위해 일본과 대만 공동팀을 꾸려서 컨셉·제품개발·마케팅 계획을 입안했다.

'빛나는 머릿결은 건강한 모발'이라는 포지셔닝과 샴푸와 린스 각각의 라인업을 제안했을 때, 서구에서는 린스 겸용 샴푸가 시장을 석권하고 있으니 팬틴도 린스 겸용 샴푸로 가야 한다는 말을 들었다. 그러나 개발을 리드해온 일본팀은 오히려 샴푸나 린스만이 아니라 앞으로는 아이템을 컨디셔너와 무스 등으로 확장하고, 건강한 모발을 갖기 위해서는 복수의 제품을 사서 손질하도록 하는 방식으로 시스템 라인업을 해야 한다고 생각했다.

글로벌 겸용샴푸파는 라인업이 간단했기 때문에 모발 상태에 맞춘 4가지 타입을 계획하고 있었다. 일본팀은 이미 샴푸·린스 시스템 라인업 입장이었기 때문에 모발에 따른 타입은 2가지로 하고, 가능한 한 SKU 수를 심플하게 가져가려고 했다.

모발에 맞춘 타입이 넷이냐 둘이냐를 두고 논의가 계속됐지만, 성공모델이 4가지 종류였기 때문에 일본팀의 제안은 뒤로 밀려 2가지 타입으로 해도 매상에 영향을 받지 않는다는 걸 이론이 아니라 리서치를 통해 증명할 필요가 있었다. 그느라 다시금 몇 개월이라는 시간이 흘렀지만 결국 리서치 결과로 증명할 수 있었다.

그 사이에 공동개발을 하고 있던 대만에서 제품의 선행발매가 시작되었다. 대만에서 제작한 TV 광고는 임팩트가 약했고, 생각 밖으로 판매 속도도 느렸다. 그래서 일본에서 제작한 빛나는 머릿결의 영상을 가져다가 새 광고로 내보내고 다시 시작했는데 약발이 먹히면서 금방 성공을 거둘 수 있었다.

일본에서도 일거에 전국발매를 하기로 낙착이 되었고, 몇 개월 만에 큰 성공을 거둘 수 있었다. 포지셔닝, 제품의 라인업, TV광고, 패키지 등, 심혈을 기울인 계획이 잘 맞아떨어진 것이다.

소비자는 곧 조언자

일본 소비자들은 품질에 대해 세계적으로 아주 날카로운 '눈'을 가지고 있다. 많은 분야에서 일본의 소비자들이 납득할 만한 제품을 만든다는 것은 기술적으로도 세계 최고의 수준을 갖춰야 한다.

또한 일본의 소비자들은 제품에 관한 평가를 자기 나름의 언어로 좀 더 적확하고 논리적으로 표현할 줄 안다. 실제로 일본 소비자의 목소리를 반영하여 개량한 제품이나 마케팅 계획이 그 뒤에 글로벌 차원으로 전개된 예를 많이 경험했다. 휴대전화, 가전제품, 자동차 등의 분야만이 아니고 샴푸나 종이기저귀 등의 생활소비재에도 그대로 적용될 수 있다.

일전에 모 가전업체 연구소의 직원을 모아놓고 세미나를 했을 때, "살균 기능이 들어간 고기능 공기청정기가 일본에서는 쉽게 먹히는데 해외에서는 잘 팔리지 않으니 어떡하면 좋겠는가?" 하는 질문이 나왔다. 일본시장을 위해 높은 기술을 개발했는데 해외에서는 이 모델을 쓸 수 없다는 문제였다. "해외에서는 소비자들이 아직 그 정도의 고기능 사양을 원하지 않는다고 단념하진 말고, 먼저 일본시장이 어떻게 발달해왔는지를 분석해보면 어떻겠는가? 해외 여러 나라가 어떤 단계에 있는가를 확인해본 연후에 그에 걸맞게 회사가 과거에 판매했던 사양을 판매하고, 그런 다음에 그 나라의 소비자들을 어떻게 점점 고기능 사양 쪽으로 '업그레이드'시킬 것인가에 대한 전략을 강구한다면 구체적인 계획이 나올 것"이라는 게 나의 대답이었다.

현명한 일본의 소비자를 활용함으로써 일본이 세계의 실험장이 되고 일본의 소비자가 좋은 조언자가 되는 시스템을 각각의 회사와 조직에 만들 수 있다. 내가 맡았던 마지막 일이었던 벤처 아시아 Corporate New Venture Asia 담당 임무는 바로 그것을 반영한 것이었다. 소비자의 소리를 바탕으로 새로운 제품 컨셉을 개발하고, 견본 prototype 제품에 대한 소비자의 평가를 들어서 세계에 통용되는 신제품을 개발하는 임무였다.

글로벌 팀 체제

일본이나 대만 등 여러 나라에서 모발haircare 사업이 순조롭게 성장하는 가운데 성공모델을 아시아 각국으로 신속하게 전파하기 위해 아시아 모발제품 전략팀이라는 조직을 만들었다. 리조이나 팬틴, 헤드&숄더, 비달사순 등의 제품을 아시아 각국과 연대하여 확대하는 계획을 짜고 추진하는 팀이었다. 즉, 국가 단위로는 볼 수 없는 아시아 전체의 관점에서 최고의 전략을 강구하는 팀이었다. 한 나라의 이익과 아시아 전체의 이익이 반드시 일치하지 않는 경우가 많았다.

일본에선 마케팅 분야를 대표해 마케팅 디렉터인 내가 전략팀의 일원으로 참가했다. 아시아 모발제품 전략팀에 참여함으로써 매사를 좀 더 광범한 시각에서 대처할 필요가 있었다.

아시아라는 시장에서 앞서 나갈 수 있는 쪽이 라이벌인 다국적 기업이냐, 아니면 우리냐 하는 싸움이다. 주요 부문에서 팀 멤버들이 참가를 했는데 전속 근무는 아니지만 각기 기존 업무를 하면서 그 일도 겸임하는 식으로 진행했다. 팀에는 마케팅 담당자뿐만 아니라 연구소, 생산본부, 금융, 시장조사 등 주요 부문의 담당자들이 두루 참여해 발매 시점, 주요 마케팅 계획, 공장 등의 제조거점을 어디에 둘지, 어떤 수입 루트를 잡을지, 기타 필요한 요소는 무언지 등을 이 팀에서 결정했다.

전략팀의 멤버는 절반이 백인 남성이었고 나머지가 아시아인으로 여성은 나 혼자였다. 3개월에 1번씩 전체회의를 열고 각 브랜드

> 각국의 특성을 파악하면서도 마케팅 계획을 성공모델에 따라 공통화하도록 지휘했다. 글로벌 포지셔닝이나 규모의 이점scale merit을 살리기 위해서였다.

확장계획의 진척상황을 보고하고 문제가 있으면 해결책을 논의해 결론을 도출하고 각국에서 그것을 토대로 실행해나갔다.

● 아시아 팬틴 브랜드팀을 이끌다

아시아 모발제품 전략팀의 밑에는 각 브랜드 별로 브랜드팀이 만들어졌다. 나는 팬틴 브랜드팀의 리더로서 각국의 팬틴 담당 브랜드 매니저들과 함께 아시아 지역에서 팬틴의 신속한 확대작업을 마무리 짓기 위한 조정역할을 맡았다.

각국의 특성을 파악하면서도 마케팅 계획을 성공모델에 따라 공통화하도록 지휘했다. 글로벌 포지셔닝이나 규모의 이점scale merit을 살리기 위해서였다.

같은 아시아 지역이라 해도 큰 차이가 있었다. 예컨대 상품단위의 크기와 SKU(품목) 수. 일본에서는 200밀리리터짜리 작은 사이즈에 가정용의 700밀리리터 펌프사이즈 제품도 필요했다. 그러나 필리핀에서는 200밀리리터가 큰 사이즈 취급을 받았고 가처분소득disposable income*이 낮은 소비자들의 수준에 맞춘 10~12밀리리터짜리 비닐포장 제품pouch 사이즈가 필요했다. 이런 것들은 일본에

---

* 역주) 국민소득 통계상, 개인이 소득 중 소비나 저축을 자유롭게 할 수 있는 소득.

서는 호텔 등에서 무료로 비치해두는 사이즈인데 어쨌든 새로운 생산체제를 만들어야 했다.

브랜드 자체의 포지셔닝은 기본적으로 각국 공통이지만 패키지가 작아지면 광고 메시지의 양도 제한을 받기 때문에 전략적인 메시지에 우선순위를 매겨서 현지의 담당자들과 상의하며 결정했다.

TV 광고는 현지어를 영어로 번역하도록 해서 스토리보드 단계에서부터 점검했다. 팬틴의 글로벌 포지셔닝이 제대로 전달되는지를 검토하고 조언을 했다. 특히 이미 발매되고 있는 리조이(아시아에서는 리조이스)가 쓰고 있는 전략적 표현을 팬틴에서 사용하지 않도록 조정하고, 브랜드끼리 전략상 뒤섞이지 않도록 했다.

팀 리더로서 각국의 주요한 소비습관 차이에 비추어 각국용으로 커스터마이즈(customize, 조건에 맞게 수정)해야 할 부분은 바꾸고, 전략적인 기본노선은 견지하는 식으로 가능한 한 신속하게 아시아 팬틴 브랜드를 확립시켜나갔다.

마찬가지로 움직이던 리조이 팀과 헤드&숄더 팀도 있었는데, 거기에 나는 일본을 대표하는 한 멤버로 참가했다. 각 팀의 리더가 하는 역할은 내가 팬틴에서 하는 역할과 동일했다. 일본에 가장 적합한 확대계획이 되도록 노력했다. 공통의 계획과 다른 경우에는 그 정당성을 주장하면서 명확하게 발언하고 합의를 얻어냈

> 브랜드 자체의 포지셔닝은 기본적으로 각국 공통이지만 패키지가 작아지면 광고 메시지의 양도 제한을 받기 때문에 전략적인 메시지에 우선순위를 매겨서 현지의 담당자들과 상의하며 결정했다.

으며 때로는 타협하는 수밖에 없었다. 일본에서 잘 되는 것은 보고해서 각국에서 참고하도록 했다.

이 시기에 나는 다국적 팀 속에서 공통의 비전을 확인하고 사람을 이끌어가는 일, 각국에서 제안한 마케팅 계획에 대해 조언하는 일, 일본 시장을 숙지하지 않은 전략팀 멤버에 대해 일본에서 해야 할 일의 정당성을 이해할 수 있도록 만드는 일 등을 체험했는데, 이런 것들이 내게는 아주 값진 경험이 되었다.

다국적 기업인 P&G에서는 다양성을 잘 활용하는 게 중요하다는 걸 체험으로 익힐 수 있었던 업무이기도 했다. 이후, 글로벌 팀과 함께 협동할 기회가 많아졌다.

2. 상사와 부하

● 에쿼터블equitable한 능력을 키워라

인재를 키우는 일과 브랜드를 키우는 일은 어떤 의미에서는 같다. 처음에 나는 부하를 훈련시키는 일이 힘들었지만 위스퍼 시절에는 한 번 더 제대로 해보자고 마음을 먹었고, 그렇게 시행착오를 하면서 점점 더 자신을 가질 수 있게 되었다. 그리고 인재를 키우는 일 또한 브랜드를 키우는 일과 다를 바 없다는 생각이 들었던 것이다. 전략상의 핵심이 되는 부분을 심어나가는 것이다.

브랜드 에쿼티(브랜드 자산)라는 말이 최근 많이 사용되고 있지만, 에쿼티라는 말 자체는 원래 경제용어이고 이해하기 힘든 개념이다. 즉, 브랜드가 지닌 축적된 자산을 가리키는 말이다. 소비자의 마음속에 좋은 의미의 앙금 같은 형태로 남아 있는 것들의 집합체가 브랜드 자산brand equity이다.

> 소비자의 마음속에 좋은 의미의 앙금 같은 형태로 남아 있는 것들의 집합체가 브랜드 자산brand equity이다.

지속적으로 마케팅을 한 결과 소비자가 이해한 것, 느끼고 있는 것을 리서치를 통해 조사해보고, 그들이 표현하는 말을 집대성해보면 브랜드 에퀴티가 보인다. 그리고 그것이, 기업 측이 의도한 것과 맞아떨어지면 그게 최상인 것이다. 흔들림 없는 기본노선이며, 차곡차곡 쌓아감으로써 가치 있는 브랜드로 인정을 받을 수 있는 길이다.

그리고 사람에게도 에퀴터블equitable 한 능력이라는 게 있다. 에퀴터블한 능력이란 보편성이 있고 여러 가지 일에 대해 발휘할 수 있는 기본적인 능력을 말한다. 우연히 익힐 수 있는 능력은 아니다. 일에 따라 필요한 능력도 달라지기 때문에 먼저 그 말의 뜻을 분명하게 정의해두는 것이다. 그리고 습득할 수 있도록 시스템을 만드는 게 중요하다.

마케팅 담당자 입장에서 에퀴터블, 즉 자산이 될 수 있는 능력이란 '전략적인 사고력', '분석력', '커뮤니케이션 능력', '리더십', '트레이닝 능력' 등이 있다. 브랜드를 키우는 것과 동일하게 인재를 키우기 위해서는 그러한 에퀴터블한 능력이 몸에 배도록 환경을 만들고 배울 수 있는 기회를 제공할 필요가 있다. 프로

> 지속적으로 마케팅을 한 결과 소비자가 이해한 것, 느끼고 있는 것을 리서치를 통해 조사해보고, 그들이 표현하는 말을 집대성해보면 브랜드 에퀴티가 보인다.

젝트를 짜는 일을 하면서 여러 경험을 통해 자산이 될 만한 에쿼터블 스킬을 습득하고 나중에 그 능력을 발휘할 수 있게 된다.

● 소비자와 누가 가장 가까운가

격화소양隔靴搔癢이란 말은 발이 가려운데 신발 신은 채 긁는다는 뜻이다. 그런데 인재를 키운다는 것도 그처럼 답답한 경우가 적지 않다. 나 역시 흡사 구두 몇 켤레를 겹쳐 신고 있는 듯한 생각이 든 적도 있었지만 그럴 때마다 '소비자에게 가장 가까운 건 누구인가'를 다시 한 번 생각했다.

소비자의 관점에 가장 가깝게, 확실하게 속내를 수집해주는 사람이 소비자 전문가다. 마케팅 디렉터나 제너럴 매니저 등의 상급 관리자와 브랜드(예컨대 팸퍼스)의 일선 담당자로서 매일 마케팅 대상 target 이해를 심화시켜가는 사람들은 지식이나 정보의 양이 전혀 다를 수밖에 없다.

P&G에서는 그런 식으로 소비자로부터 수집한 정보를 토대로 작성한 제안이 가장 강력하다는 평가를 받는다. 내부승진제를 통해 밑에서 윗자리로 올라온 상사는 자기도 그런 대접을 받았듯이, 부하직원이 소비

> 사람에게도 에쿼터블equitable 한 능력이라는 게 있다. 에쿼터블한 능력이란 보편성이 있고 여러 가지 일에 대해 발휘할 수 있는 기본적인 능력을 말한다. 우연히 익힐 수 있는 능력은 아니다. 일에 따라 필요한 능력도 달라지기 때문에 먼저 그 말의 뜻을 분명하게 정의해두는 것이다.

> 소비자는 왕이고 하고 싶은 대로 한다. 이 진실은 여기저기에 떨어져 있다. 이것을 주워가는 일은 누구든 할 수 있다. 이유까지 포함해서 어디까지 깊이 들어가 줍는가에 따라 승패가 결정되는 것이다.

자로부터 배워온 것이나 제안에 대해 당연히 귀를 기울인다.

마케팅 디렉터나 제너럴 매니저는 경험을 쌓은 마케터이기 때문에 현장에 없어도 결론을 알 수 있거나 문제가 눈에 들어오는 경우가 있다. 하지만 누구보다 소비자와 가까이 있는 현장의 부하직원이 상사가 모르는 정보들을 모아 상사를 설득할 수 없다면 비즈니스를 변혁시키는 일도 불가능할 뿐 아니라 마케터로서의 성장도 기대할 수 없다.

● '왕'을 이해하라

'소비자는 왕이다. 무엇을 하든 옳다'는 시각이 있다. 일전에 본 TV에서 어느 식품 슈퍼마켓의 점장이 이 말에 찬동하는 듯한 발언을 했다. 지방에 있는 이 슈퍼에서는 환경운동의 일환으로 계산대에 비치했던 비닐봉투를 모두 폐기했고, 그걸 뒷받침하기 위해 지역 사람들이 자원봉사에 나서서 종이봉투를 모아 자기 집 장바구니를 가져오지 않은 사람에게 그 종이봉투나 골판지 박스를 쓰게 했다. 그러고는 1~2개월 뒤 어떻게 됐는지 취재했다.

지역주민들과 함께 한 회의에서 그 점장은 "유감스럽게도, 매상이 줄었습니다. 역시 주민들의 환경의식이 아직은 낮아서 저희 슈퍼로서는 매출을 올릴 방도를 강구할 수밖에 없습니다"는 결과보고를 했다. 그 말끝에 점장이 한 말이 매우 인상적이었다.

> 소비자는 매일 변화한다. 메이커가 보내오는 신제품이나 갖가지 마케팅 활동이 소비자의 사고방식에 영향을 주고 있기 때문에 항상 이해를 중단하지 않도록 해야 한다.

"저희는 가게에 오는 사람을 상대로 앙케트 조사를 할 수 있지만, 가게에 오지 않는 사람을 상대로 한 앙케트 조사도 하고 싶기 때문에 지역 커뮤니티 사람들의 소리도 듣고 싶다"는 부탁을 했다.

소비자는 매일 자기가 좋아하는 곳으로 가서 물건을 구입한다. 그러니까 가고 싶으면 가고, 가고 싶지 않으면 안 간다. 어느 쪽이든 그런 아주머니들에겐 정답이기 때문에 어째서 그런지 이해할 필요가 있다는 말이다. 자기 장바구니를 사용하지 않는 사람은 의식이 낮은 사람들이라고 못을 박아버리면 더 애써볼 여지조차 없게 된다.

소비자는 왕이고 하고 싶은 대로 한다. 이 진실은 여기저기에 떨어져 있다. 이것을 주워가는 일은 누구든 할 수 있다. 이유까지 포함해서 어디까지 깊이 들어가 줍는가에 따라 승패가 결정되는 것이다.

소비자는 매일 변화한다. 메이커가 보내오는 신제품이나 갖가지 마케팅 활동이 소비자의 사고방식에 영향을 주고 있기 때문에 항상 이해를 중단하지 않도록 해야 한다. 매일 그룹 인터뷰를 해야만 한다는 식의 얘기는 아니지만 소비자의 심중과 사고방식은 변화하는 법이라는 전제하에 항상 최신동향 수집catch up에 신경 써야 한다.

차별화하라

일본시장에 상륙했으면서도 P&G는 강력하고 우수한 라이벌 기업과 싸우면서 고전했고 성공과는 거리가 먼 시기를 오래도록 겪었다. 당시 일본법인의 사장이었던 예거 씨가 했던 말이 가슴 깊이 남아 있다.

"경쟁상대인 일본기업은 몇십 년이 넘도록 일본회사로 굴러왔다. 후발주자인 우리가 일본회사가 되려고 설령 그 회사를 그럴듯하게 모방하더라도 저쪽 회사 역시 어지간해서는 쉽게 추월당할 틈을 보여주려 하지 않을 것이다. 그들을 상대로 누가 더 일본다운가를 경쟁해봤자 이길 수 없다. 그러므로 외자계 회사답게 '별난 회사'라는 인식 그대로 해나가자"라고 말했던 것이다.

남과 다른 일을 해서 모두의 기대를 좋은 의미에서 배반하겠다는 사고방식이었다.

일단 시작해보라

나의 좌우명은 'If you put your mind to it, you can accomplish anything'이다. 온 마음을 기울여 일을 하면 무엇이든 성취할 수 있다는 뜻이다.

그렇게 생각함으로써 그 방향으로 한 걸음을 내딛게 된다. 어

> 《 나의 좌우명은 'If you put your mind to it, you can accomplish anything'이다. 온 마음을 기울여 일을 하면 무엇이든 성취할 수 있다는 뜻이다.

쩌면 할 수 없을지도 모르지만 해보기도 전에 할 수 없다는 생각 따위 하지 말고 일단 해보는 것이다. 물론 어느 정도 해보고 난 뒤 해낼 수 없겠다고 인정하는 경우는 있다. 하지만 어느 정도까지 일단 해본다는 것은 이미 거기까지 경험을 쌓을 수 있었다는 말이다. "해보니까 할 수 없겠더라" 하고 깨닫는 것마저 귀중한 경험이 된다.

'해보니까 할 수 없겠더라'는 말은, '소용없으니, 하지 않겠다'는 말과는 근본적으로 다른 것이다.

일을 앞에 두고 할 수 없는 조건을 꼽을 게 아니라 할 수 있도록 하기 위한 조건과 필요한 준비를 해서 제안한다. 그 결과 제안이 채택되지 않는다면 할 수 없는 것이 아니라 하지 않는다는 선택지를 택한 게 된다. 그 2가지를 분리해서 생각하는 습관을 지녀야 한다.

'하지 않는 계획'과 포기해버린 듯한 제안도 어떤 조건이 해소되는 상황이 조성되면 근사한 아이디어로 실행에 옮길 수 있게 된다. 아무 장애도 없이 술술 나오는 상투수단은 전혀 매력적

> 어느 정도까지 일단 해본다는 것은 이미 거기까지 경험을 쌓을 수 있었다는 말이다. "해보니까 할 수 없겠더라" 하고 깨닫는 것마저 귀중한 경험이 된다.
> '해보니까 할 수 없겠더라'는 말은, '소용없으니, 하지 않겠다'는 말과는 근본적으로 다른 것이다.

> '하지 않는 계획'과 포기해버린 듯한 제안도 어떤 조건이 해소되는 상황이 조성되면 근사한 아이디어로 실행에 옮길 수 있게 된다. 아무 장애도 없이 술술 나오는 상투수단은 전혀 매력적인 게 없다.

제3장 _ 다시 시작하다

인 게 없다.

🔵 성공의 요인을 분석하고 공유하라

재현성Repeatability이란 뭐든 한 가지가 잘 됐을 때 똑같이 하거나 응용해서 계속 잘 해낼 수 있느냐는 문제와 관련된 것이다. 이 재현성은 자연에서는 발생하지 않는다. 성공했을 때는 성공에 이바지한 요인을 잘 살펴서 그것을 지식이나 노하우로 공유한다.

실패했을 때나 목표와는 너무 동떨어진 결과가 나왔을 때도 그렇게 된 요인을 분석하고 해서는 안 될 노하우로 공유한다. 그리고 새롭게 뭔가를 할 때 그 공유한 지식을 기초로 삼아 그 당시의 상황에 맞춰야 할 것을 추가해서 실행에 들어가는 것이다. 이 점을 간과하면 학습의 기회를 뻔히 보면서도 놓치고 만다.

🔵 아이디어 킬러만은 안 된다

브랜드 매니저 시절, '효과적인 브레인스토밍 방법'이라는 세미나에 참가한 적이 있다. 인상적이었던 것은 브레인스토밍을 통해 참가자들로부터 다양한 아이디어를 얻어내기 위해 약 50구절이나 되는 '아이디어 킬러'의 말을 배운 일이다. 아이디어 킬러란 아이디어를 망쳐버리는 표현을 두고 하는 말이다.

"그건, 옛날에 했던 적이 있거든", "그거, 전에 실패한 방법이야", "재미 없네", "비용이 들어", "현실적이지 않아" 등 아이디어를 내려는 사람의 의욕을 꺾어버리는 말은 무의식적으로 내뱉는 얘기들 속에도 실은 많이 포함돼 있다.

브레인스토밍을 시작하면서 아이디어 킬러가 될 수 있는 말을 하지 말자고 약속을 한다. 그

> 아이디어 킬러란 아이디어를 망쳐버리는 표현을 두고 하는 말이다. "그건, 옛날에 했던 적이 있거든", "그거, 전에 실패한 방법이야", "재미 없네", "비용이 들어", "현실적이지 않아" 등 아이디어를 내려는 사람의 의욕을 꺾어버리는 말은 무의식적으로 내뱉는 얘기들 속에도 실은 많이 포함돼 있다.

리고 어떤 아이디어라도 존중하는 태도를 취함으로써 다소 독특한 아이디어를 진짜로 발견할 수 있을 것이다. 게다가 상사라면 일부러 바보 같거나 얼토당토않은 아이디어를 내서 아이디어 장벽을 낮춤으로써 참가자가 안심하고 자기 의견을 말할 수 있게 만드는 것도 경우에 따라 필요한 처신이다.

● 메가 브랜드 '팸퍼스'

1992년에 나는 다시 이동하게 되었다. 다시 위스퍼를 만나지만 이번에는 '팸퍼스' '아텐토'(Atento, 성인용 종이기저귀) 등을 포함한 종이제품 사업부의 마케팅 디렉터 직책이었다.

모발제품으로 옮긴 지 3년, 인재도 키우고 각각의 브랜드도 성장했는데 세 번째 브랜드로 '비달사순'이 드디어 개발종료 단계까지

와 있던 무렵이었다. '살롱의 완성'이라는 독특한 포지셔닝을 가진 비달사순이 시장에 어떻게 받아들여질까, 무척 흥미롭게 지켜보던 참에 부서이동을 했기 때문에 또다시 뒷덜미를 낚인 느낌이었다.

종이제품 사업부는 당시 P&G재팬에서 가장 규모가 큰 비즈니스였다. 매출규모가 수백억 엔에 이르고 사업부의 이익이 사회 전체를 떠받치고 있었다. 그럼에도 불구하고 팸퍼스는 이 시기에 고전을 면치 못하고 있었다.

팸퍼스는 1979년에 전국발매를 시작해서 일본의 일회용 종이기저귀 시장 전체를 확대시킨 톱 브랜드였다. 고분자 흡수체와 허리 부분 누수를 막아주는 웨이스트 누레 스토퍼(1985년), 남아용·여아용(1988년), 신생아용(1990년) 등 뛰어난 기술력과 마케팅으로 일회용 아기 종이기저귀의 대명사였다. 하지만 경쟁 중이던 일본기업 역시 아주 뛰어난 기업이어서 쫓고 쫓기는 이 시장에는 신제품이 속속 투입되었다. 이 시기에 팬티형 종이기저귀 개발이 더뎠던 P&G는 전년대비 매출이 차츰 줄어들고 시장점유율도 빼앗기는 등 브랜드의 침체화가 진행되었다.

● 질책보다 상황 반전에 집중하라

부임 당시 팸퍼스는 이미 몇 개의 개량품이 빠르면 수개월 뒤의 발매를 목표로 준비를 진행하고 있던 때였다. 그 준비를 완료하기까지의 기간에 마케팅 계획을 손질하고 강화시킬 수 있는 것부터 시작했다. TV 광고를 통해 브랜드 커뮤니케이션을 강화하고, 산부인과에서 쓰는 팸퍼스 사용률을 높이고 점포 진열을 강화했다.

잘 풀리지 않는 비즈니스를 보면 이거 누가 했냐고 질책하

> 잘 풀리지 않는 비즈니스를 보면 이거 누가 했냐고 질책하거나, 불문곡직하고 전임자의 계획을 부정하는 경우가 있다. 하지만 그보다는 비즈니스 상태를 파악하고 상황을 반전시키기 위해 팀의 역량을 집중시키는 일이 중요하다.

거나, 불문곡직하고 전임자의 계획을 부정하는 경우가 있다. 하지만 그보다는 비즈니스 상태를 파악하고 상황을 반전시키기 위해 팀의 역량을 집중시키는 일이 중요하다.

실패에 대한 책임을 묻기보다 리커버리 샷을 실시하는 쪽이 훨씬 더 중요하다. 애초에 업무라는 것은 많은 사람의 합의와 협력을 통해 추진되는 것이다. 한 줌의, 게다가 현장에 있는 사람들에게 책임이 있을 리 없다.

어느 누가 실패를 마음먹고 일을 했겠는가. 어려울 때일수록 소비자를 더 깊이 이해하고, 모든 사람의 지혜를 모아 앞으로 나아가는 것이 중요하다.

● 상사를 관리하라

이동 때문에 본인뿐 아니라 팀과 부하까지 동요하는 경우도 있다. 그러나 부하직원의 입장에 서서 생각하면 보스가 바뀌는 것은

> 상사를 리드한다거나 관리한다는 게 낯선 개념일지도 모르지만 자기가 맡은 브랜드에 관해 상사에게 적극적으로 바른 정보를 전달하고, 자기가 궁리하는 새로운 실행안을 인정받도록 한다. 그렇게 할 수 있다면 상사 역시 더 나은 결정을 내릴 수 있었다며 기뻐해줄 것이다. 그것이 바로 상사를 관리하는 방법이다.

대단히 좋은 찬스라고도 할 수 있다. 새로 부임하는 보스는 그 분야나 상품에 대해서 전혀 모르는 사람이든가, 혹은 그 부서 출신자라 할지라도 몇 년이나 떠나 있다가 돌아온 사람이라면 지식에 뒤처져 있기 십상이다.

부하들 처지에서는 자신들이 상품이나 소비자에 관한 지식을 갖고 있으므로 그런 점을 살려서 상사를 리드해갈 수 있는 좋은 기회가 된다.

상사를 리드한다거나 관리한다는 게 낯선 개념일지도 모르지만 자기가 맡은 브랜드에 관해 상사에게 적극적으로 바른 정보를 전달하고, 자기가 궁리하는 새로운 실행안을 인정받도록 한다. 그렇게 할 수 있다면 상사 역시 더 나은 결정을 내릴 수 있었다며 기뻐해줄 것이다. 그것이 바로 상사를 관리하는 방법이다.

상사에 대해서는 전략 계획의 입안이든 보고든 간에 "다음번엔 이렇게 합시다" 하는 식으로 선수를 쳐야 한다. 상사가 지시를 하기 전에 먼저 상사의 의식을 잘 업데이트하도록 하고 적절한 결단을 내려주도록 처신하면 업무를 컨트롤할 수 있다.

상사의 입장에서는 부하직원이 움직이고 있는데 그 과정에서 어떤 일이 벌어지고 있는지 모를 경우 몹시 불안해진다. 그러므로 상사에게 자신의 최신정보를 전달해주도록 한다. 그리고 상사의 결단이 필요한 경우에도 "우리는 이러이러한 것을 결정해주시기를 바란다"라고 구체적으로 상사에게 촉구하는 편이 좋다.

많은 경우 상사는 부하보다 경험이 풍부하기 때문에 좋은 생각을 갖고 있을 가능성이 높다. 부하직원인 입장에서는 풍부한 최신정보를 부지런히 업데이트해 올림으로써 상사로부터 좋은 생각을 끌어낼 수 있다는 점을 명심해두자. 그렇게 되면 상사도 반드시 좋아할 것이다. 자기가 도움 된다는 실감을 할 수 있게 되기 때문이다.

상사를 잘 관리할 수 있다면 서로 다른 경험을 활용하는 협력관계를 구축할 수 있고 더 강한 조직으로 발전할 것이다.

● 상사가 무능하다면

무능한 상사의 경우, "부하에게 맡긴다"는 말처럼 편리한 핑계가 없다. 하지만 생각해보면 책임을 떠맡는 부하직원은 가장 큰 이득을 보는 것이다. 왜냐하면 경험을 쌓을 기회가 주어지기 때문이다. 불행하게도 상사가 부하의 성과를 가로채는 경우도 있을지 모르겠으나, 그런 경우에도 일을 한 경험 그 자체를 가로챌 수는 없다. 예컨대 무능한 상사가 업무 성과를 가로챈다 할지라도

> ❝ 유능한 상사와 무능한 상사, 어느 쪽이 됐건, 자신이 얻을 수 있는 것을 극대화하기 위해서는 자신의 접근방식을 바꿔서 배우는 자세로 최선을 다하는 데 있다.

그 상사에게는 일을 통한 성장의 기회가 없었다는 얘기가 된다.

유능한 상사가 되고 싶다면 부하들 틈에 섞여 갖가지 경험을 하는 게 가장 좋다. 이 말은 어쩌면 무능한 상사 밑에서 일하는 편이 더 나을지도 모른다는 뜻이다. 어느 쪽이 되더라도 상사를 내 편에서 선택할 수는 없다. 유능한 상사와 무능한 상사, 어느 쪽이 됐건, 자신이 얻을 수 있는 것을 극대화하기 위해서는 자신의 접근방식을 바꿔서 배우는 자세로 최선을 다하는 데 있다.

● 성공한 팀도 발상전환이 필요하다

자신이 담당한 프로젝트가 성공한다면 누구나 기뻐할 것이고 누구든 그것을 꿈꾼다. 신제품을 발매해서 1년째에는 잘 굴러가므로 모두가 즐거워한다. 세간에선 신문과 잡지들이 신제품을 히트상품으로 요란스레 써댄다. 하지만 2년째에는 마치 기세가 떨어지는 걸 용인하기라도 한 듯한 보수적인 목표를 세운다. 그래서는 모처럼 좋은 예감 속에 발매를 했던 브랜드를 키울 수 없다. 비즈니스란 항상 성공으로 이어가지 않으면 꺾이는 건 순간이다.

나는 2년째도 3년째도 모두 다 끙끙댈 만한 높은 목표를 스스로 설정해야 한다고 조언한다. 반신반의할 사람도 있을 것이다. 하지만 미래는 와봐야 안다. 아무도 알아맞출 수 없다.

높은 목표는 예사로운 노력으로 달성할 순 없지만 그런 도전이 조직을 강하게 만든다. 처음부터 불가능하다고 단념하지 말고, 명확한 전략을 기초로 모든 사람들이 지혜를 짜내서 돌파할 것을 목표로 삼는다면 팀워크도 강해지고 좋은 결과가 뒤따를 것이다.

성공은 경쟁을 부른다. 2년째 이후에도 성공을 이어가고자 한다면 1년째의 뛰어난 결과에 너무 만족하지 않도록 해야 한다. 자기부정을 하면서 더더욱 높은 목표를 노린다. 그러지 않으면 경쟁에서 쫓기고 추월을 당하는 입장으로 역전될지도 모른다.

> 높은 목표는 예사로운 노력으로 달성할 순 없지만 그런 도전이 조직을 강하게 만든다. 처음부터 불가능하다고 단념하지 말고, 명확한 전략을 기초로 모든 사람들이 지혜를 짜내서 돌파할 것을 목표로 삼는다면 팀워크도 강해지고 좋은 결과가 뒤따를 것이다.

The Procter & Gamble Company

제4장

사람과 브랜드만 남겨라
– 제너럴 매니저에서 P&G를 퇴사하기까지

1. 리더십

● 대지진을 겪은 P&G의 조직력

1995년 1월 17일, 진도 7.3의 직하형 대지진이 한신阪神·아와지淡路 지역을 덮쳤다. 한신대지진이 일어난 것이다. 고베에 있는 P&G 본사는 붕괴되진 않았지만 집기들이 넘어지고 자료 파일이 온통 흩어졌으며, 건물 내의 스프링쿨러가 오작동을 해 사무실이 침수되고 말았다.

나도 회사 바로 옆 로코六甲아일랜드 지역에 살고 있었는데 집 안에 있던 식기장이 넘어졌다. 깨진 접시에 발바닥을 찔리면서 걸어서 바로 옆의 회사 상황을 보러 갔더니 썰렁한 1층 홀 안에서는 스프링쿨러가 쏴쏴 하며 비처럼 쏟아지고 있는 걸 보고, 큰일났구나 싶었다.

시설로서의 본사 기능은 명백히 수행불능 상태가 돼 있었고, 더

구나(나중에 알게 된 일이지만) 진원지에 가까운 아카시 공장은 심각한 손상을 입어 생산불능 상태에 빠져 있었다. '팸퍼스'만 아니라 P&G의 모든 종이제품을 생산하고 있던 공장이자, 일본 국내에 2개밖에 없는 자사공장 가운데 하나가 다운되는, 실로 예상 밖의 사태였다. 그러나 나는 그때 다시 한 번 P&G라는 조직의 강인함, 그곳에 모인 인재들의 우수성을 느꼈다.

미국 신시내티에 있는 본사의 스태프가 CNN 뉴스를 보고, 오사카의 주요 호텔을 재빨리 확보해주었다. 교통이나 통신이 두절된 지역에 간부급이 많이 살고 있었던 점도 있고 해서, 오사카 힐튼 호텔에 P&G재팬의 최고 경영진 전원이 모여 제대로 움직이기 시작한 것은 지진 발생 4~5일이 지난 뒤였다. 그럼에도 불구하고 그동안에 현장의 일반직원들은 훌륭하게도 자발적으로 긴급대응을 위해 움직여주었다. 지진 당일, 때마침 자기 집으로 직원주소록을 가져갔던 사람들이 그것을 통해 직원들의 안부를 확인하기 시작했다. 고베에 있던 사람들은 무슨 일이 일어났는지 상황을 알 수 없었고 본사까지 갈 수도 없었지만, 설사 갔다고 해도 아무 설비도 가동할 수 없었을 것이다. 갈 수 있었던 사람들이 오사카 지점까지 가서, 그곳을 거점으로 삼아 서로 연락을 취했다.

본사의 수주 및 발주 시스템이 작동불능 상태였기 때문에 전국에서 들어오는 주문 데이터를 어떻게 받아서 출하가 중단되지 않도록 어떻게 해야 좋을지 등 긴급사태 속에서 회사가 취해야 할 최소한의 조처를 직원 각자가 생각해내어 "자, 이건 내가 움직여보자" 하는 식으로 대처했던 것이다. 이 최초의 2~3일은 현장직원들만으로 회사가 움직였다고 해도 과언이 아니다.

P&G 출신자들이 종종 세계의 유명 기업에서 최고경영진으로 근무하는 것을 보고, P&G가 지도급 인재를 배출하는 기업이라고 하지만 그것은 주니어 시절부터 리더십을 발휘하도록 요구받고 있기 때문이기도 하다. 그 당시 여기저기서 뛰어난 리더십을 보이며 직원들은 주체적으로 움직여주었다.

지진 발생 후 10일 정도 되었을 때, 오사카 우메다梅田에 있는 스카이 빌딩에 임시 사무소를 차리고, 그 당시 1200명이던 직원 가운데 600명 정도가 모였다. 도로가 끊겼기 때문에 그때까지 자기가 다니던 근무지와 무관하게 통근 가능한 가까운 P&G 시설로 출근을 하기로 했다. 고베 서쪽에 살던 사람들은 아카시 공장에 출근했다.

내가 제너럴 매니저로 올라간 것은 이 혼란이 한창이던 지진발생 10일 정도 뒤의 일이었다.

모여든 최고경영진은 국적마저 달랐지만 각자가 각 부문에서 밑바닥부터 다져 올라온 사람들이었다. 직원의 상황을 개선하고, 소비자에게 불편을 끼치지 않기 위해 무엇이 필요한지 서로 얘기하면서 서로 다른 시각에서 여러 가지 구체적인 안이 나왔다.

임시사무소에 들어가기 힘든 사람들은 어디로 출근해야 할까, 살던 집이 무너져버린 사람에게는 어떤 도움을 줘야 할까, 직원에게 일시금을 주는 게 낫지 않을까, 언론 담당은 누가 할까 등이었다. 혹은 일본에 주재하고 있던 외국인 가족은 겪어본 적 없는 대지진 때문에 심각한 불안을 느끼고 있었기 때문에 그들을 본국으로 일단 돌려보내려면 어떻게 해야 될까. 이것은 오사카 항에서 배를 전세 내어 로코 아일랜드로 모이게 한 가족들을 태우고 간사이 공항을 거쳐 홍콩P&G가 준비해준 비행기로 귀국하도록 조처를 취했다.

기적을 이루다

큰 타격을 입었던 아카시 공장은 그것을 멋지게 만회하는 리커버리를 달성했다. 지진으로 공장 바닥이 액상화液狀化 현상을 보이면서 바닥 일부가 들떠 올랐기 때문에 30개 생산라인 전체가 정지돼 버렸지만, 전 세계의 P&G에서 기술자가 모여들고 건설회사 등의 협력을 받아 단 한 달 만에 모든 생산라인을 복구시켰다.

또 하나의 공장 도치기栃木 공장에서는 지원을 위해 증산체제에 들어갔으나 'P&G는 재기 불능'이라는 소문까지 떠돌고 있었다. 그런 소문을 날려버리기 하나로 뭉쳐 분발했을 것이다. 바닥을 고르는 데에는 시간이 걸리기 때문에 쌓은 목재로 조정을 해서 라인의 평행을 원상회복시켰다. 평균적으로 하루 1개의 속도로 가동하기 시작해 30일 만에 풀가동시켰다. 이 근사한 작업은 지금 생각해도 가슴이 뜨거워질 만큼 정말 대단한 일이었다.

재건작업을 멋지게 완수한 아카시의 생산팀에게는 그해의 P&G 생산본부 부문 최고상이 주어졌다. 신시내티에서 열린 수상식에 동참했을 때는 다시 한 번 진심으로 자랑스럽고 기뻤다.

조직을 먼저 생각하다

전임 P&G 회장이던 리처드 듀프리(Richard Deupree, 1885~1974)가 1948년에 한 발언 중에, "P&G에서 무엇을 가져가든 상관없다. 사람과 브랜드만 남아 있으면 P&G는 언제든지 부활할 수 있을 것이다"라는 말이 있다.

지진은 우리에게 커다란 피해를 안겨주었지만 부흥을 향한 직원들의 행동을 보며, 이것이 진짜 명언이라는 걸 강하게 느낄 때도 있었다.

일련의 부흥활동과 관련해 본사의 기능이 멎었을 경우의 긴급대응 매뉴얼이 있었을 리 없다. 직원 각자가 주체적으로 해야 할 일을 제안하고, 우선순위를 정하여 자기가 할 수 있는 일을 하고, 서로의 상태를 상호 확인하는 등 업무상 필요한 스킬 그 자체가 긴급 또는 예상외의 상황에서 바로 그 진정한 자세를 드러낸 것이다.

현재 P&G의 회장 겸 CEO인 앨런 래플리Alan G. Lafley는 당시 아시아 담당 사장으로 고베 지역에 주재했다. 지진이 발생했을 때는 중국출장 중이었지만 긴급사태에 대응해 진두지휘를 위해 혼란의 한복판에 있던 고베로 어렵사리 돌아왔다. 주말에는 최고경영자급 외국인들이 일본인 직원들과 함께 자원봉사 활동대가 되어 일회용 종이기저귀나 세제 등의 P&G제품을 안고 오토바이를 몰아 재난 현장을 뛰어다녔다. 사

> "P&G에서 무엇을 가져가든 상관없다. 사람과 브랜드만 남아 있으면 P&G는 언제든지 부활할 수 있을 것이다."

리사욕을 버리고 전체를 우선시하는 자세를 취하는 조직의 DNA를 다시금 느끼며 자랑스럽게 생각했다.

멘토링 제도

아시아 총책이었던 래플리 사장은 나의 공식적인 멘토이기도 했다. 멘토링 제도란 라인의 직속상사가 아닌 상급 매니저가 정기적으로 상담을 해주거나 조언을 해주는 제도다. 상담의 내용은 기본적으로 제한이 없다. 개인적인 상담을 해도 문제없지만 내 경우엔 역시 업무진행 방식에 대해 물은 적이 많았다.

당시 P&G에서는 제너럴 매니저 자리에 올라가면 공식적인 멘토가 배정되었는데, 내 경우에는 또 1명의 비공식적 멘토가 더 있었다. 아시아 인사HR 담당 총책이었던 론 해리먼 씨가 멘토를 자청해 주었던 것이다.

또 당시의 CEO 존 페퍼 씨가 일본을 방문했을 때 나와 함께 제너럴 매니저로 승진한 또 1명의 미국인 동료 H씨와 더불어 조찬회의 석상에서 제너럴 매니저의 역할과 페퍼 씨의 기대 등에 대한 얘기를 들을 수 있는 행운의 기회를 누리기도 했다.

동료인 외국인 제너럴 매니저들에게도 멘토가 한 사람씩 딸려 있었지만 지금 생각해보면 일본인 여성으로서는 처음으로 그런 자리에 오른 내가 첫 출발을 잘할 수 있을지 꽤나 걱정을 했던 모양이다.

해리먼 씨와 래플리 사장, 두 분 다 아시아를 총괄하는 지위에 있는 경영자들이고, 그들의 경험담이나 리더로서의 처신, 조직개혁 아이디어 등은 지금도 참고가 된다. 래플리 사장은 두뇌가 명석한 분이어서 나도 큰 영향을 받았다.

제너럴 매니저로 승진하자마자, "와다 씨, 신임 제너럴 매니저인데, 뭐 새로 해야 할 일은 없나요? 각 부문장들을 찾아가 의견을 물어보세요"라고 조언해주었다. 일본인으로 톱 자리에 오른 내가, 이제까지 동료였던 연상의 남성 매니저들에게 배려를 하라는 어드바이스였다. 금융 본부장, 생산본부 본부장, 영업 본부장, 인사 본부장 등 각 부문의 톱들에게 직접 찾아가서 한 사람 한 사람씩 얘기를 들음으로써 인정을 받으라는, 일본적이고 실전적인 조언이었다.

제너럴 매니저급 이하의 직원들은 아직 공식적인 멘토링 제도가 구비되어 있지 않았으나, 멘토의 고마움을 실감하고 있었기 때문에 나 역시 의식적으로 여러 부하직원들의 멘토를 맡겠다고 다짐했다.

NHK에서 방영된 아침 드라마에서 이런 좋은 말이 흘러나왔다.

와카사 옻칠若狹塗 젓가락을 예로 들어서, "문질러서 광이 나는 건, 몇 겹씩 덧칠해야 하는 옻칠밖에 없다. 온 힘을 다해 열심히 살아가면 고민도 좌절도 예쁜 모양이 된다. 그렇게 해서 되고 싶은 사람이 될 수 있다."

어떤 경험일지라도 소용없는 경험은 없다는 말이다. 그렇게

> 자신이 존경하는 사람에게 유익한 조언을 받거나 그 사람도 과거에 같은 걸 경험하고 고민했던 적이 있다는 사실을 알기만 해도 다시 힘을 낼 수 있게 되기도 한다. 그런 기회를 얻을 수 있는 것도 멘토링 제도의 이점이다.

생각하고 싫은 일도 참아내는 게 중요하다. 나이가 들면 이런 생각도 할 수 있게 되지만 젊은 시절에는 앞이 보이지 않아 고민에 빠져 버리는 경우가 많다.

그럴 때 자신이 존경하는 사람에게 유익한 조언을 받거나 그 사람도 과거에 같은 걸 경험하고 고민했던 적이 있다는 사실을 알기만 해도 다시 힘을 낼 수 있게 되기도 한다. 그런 기회를 얻을 수 있는 것도 멘토링 제도의 이점이다.

팸퍼스의 위기

원래 침체화돼 있기도 했고, 지진의 타격까지 받은 팸퍼스 브랜드의 위기는 P&G재팬 전체로서도 큰 문제였다. 미국을 포함한 전 세계 P&G인들이 염려하고 있었다. 꼬리를 무는 조언과 명령을 받게 되고, 반론을 펼 자료도 갖추지 못한 와중에 상부의 명령에 떠밀리는 격이 되어 어쩔 수 없이 대책을 내놓은 적도 있었다.

소비자의 의견이 정답이라고 생각하는 회사이기에 타국에서의 성공사례가 엄청난 힘을 가지며, 각국 경영진으로부터 갖가지 의견이 밀려든다. 반론이나 의견조정 때문에 오히려 시간을 빼앗기고, 때로는 도리 없이 실행해야만 할 일도 생긴다.

그 당시 '팸퍼스 유니'라는 저가상품을 투입하기로 했는데 기존 브랜드와의 변별력이 부족해 1년 정도 있다가 시장 철수라는 결정이 났다. 철수에 기울인 노력도 노력이려니와 체력도 몹시 소모됐지만, 다시 한 번 팸퍼스 브랜드의 에퀴티는 저가전략이 아니라 고부가가치, 즉 독특한 가치를 제공하는 것이라는 사실을 확인할 수 있었던 경험이었다.

팸퍼스를 바로잡기 위해서는 위험을 감수하더라도 돌파를 감행해야 한다는 생각이 들었다. 그래서 기본으로 돌아가 소비자를 이해하는 것부터 바로잡고, 새로운 팸퍼스를 개발하기로 했다. 미국에서 정성定性조사* 리서치 전문가인 컨설턴트를 초빙하고, 몇 개월 동안 아기와 엄마들에 대한 이해를 심화시키면서 새로운 전략을 찾았다.

팸퍼스 발매 당시부터 계속 광고를 맡아온 광고대리점이 벽에 부딪쳐 인사쇄신 차원에서 바꿨다. P&G에게 광고대리점은 전략적인 파트너이고, 장기적인 관점에서 커뮤니케이션 전략을 함께 세워나가는 운명공동체로 자리매김 되어 있기 때문에 이 파트너 회사의 변경은 매우 드문 일이었다. 광고업체 전직 사장이 P&G 본사 사장과의 친분을 앞세워 경질을 막기 위해 움직이고 있었다. 그 때문에 본사의 승인이 좀체 떨어지지 않아서 안절부절못했던 적도 있었다.

---

* 역주) 마케팅 조사 방법 가운데 하나. '정량定量조사'는 현재 마케팅의 시장상황 자체를 조사하는 것이고, '정성조사'는 시장상황의 해결책이나 돌파구를 찾는 조사다. 2가지 조사가 상호 보완될 때, 올바른 마케팅을 펼 수 있다.

● V자 회복

　소비자 이해를 기초부터 다시 세운 우리들이 찾아낸 새 포지셔닝은, '스킨케어' 발상이었다. 그때까지 아기용 종이기저귀는 경쟁제품까지도 '새지 않는다'는 것만 강조하고 있었는데, '스킨케어' 개념은 윌리엄 매슬로가 제창한 단계론hierarchy에 적용하면 더 상위에 위치하고 있는 개념이었다(이른바 욕구의 5단계설*인데, 낮은 차원의 욕구가 충족되면 더 높은 차원의 욕구로 단계적으로 이행해가는 것으로 돼 있다). 최종목표로 삼은 것은 '아기의 건강한 성장'이었다. 이렇게 해서 우리는 새로운 아이디어와 기술을 팸퍼스에 쏟아 넣고 업그레이드 한 신제품으로 도전하게 되었다. 하지만 이 새로운 사고방식과 포지셔닝은 또다시 당시의 글로벌 전략과 상충하는 것이었기에 상부를 설득하느라 수개월이 걸렸다. 가격설정도 납득할 만한 제품을 투입할 수 있기까지 시간이 걸렸으나, 최종적으로는 제품, 가격, 광고전략과 마케팅 계획 전반에 대해서 확실한 보증을 받은 것을 마침내 세상에 내보낼 수 있었다. 최신 기술을 반영한 새로운 발상의 '팸퍼스 뽀송뽀송 케어'의 탄생이었다.

　소비자들은 이 새로운 팸퍼스를 속속 구입해주었다. 그 결과, 바로 직전에 한 자릿수 대로 떨어져 최저를 기록했던 팸퍼스의 시장점유율은 두 자릿수 대로 부활하고, 우리는 중심 브랜드의 V자 회

---

* 역주) 인간의 욕구는 타고난 것이고, 5단계의 욕구가 차례차례 충족되는 상태로 성장해간다는 이론이다. 생리적 욕구, 안전의 욕구, 애정의 욕구, 자기존중의 욕구, 최종적으로는 자아실현의 욕구가 있다.

> 큰 문제를 해결하려고 마음먹는다면 분해하고 분석하는 습관을 길러야 한다. 우선 작은 문제의 집합으로 분해할 수 있다면 다음에는 우선순위를 매겨 차례대로 바꿔간다. 이때 우선순위란 전체의 문제에 끼치는 영향력의 크기다.

복에 성공한 것이다.

일본의 선진적인 소비자들한테서 인정받은 '스킨케어'와 그 뒤에 목표로 삼았던 '아기의 건강한 성장'이라는 새로운 팸퍼스 포지셔닝은 이윽고 전 세계 P&G에서 펼쳐지게 되었다.

● 작은 문제부터 해결하라

메가 브랜드 팸퍼스의 침체화와 같은 몇몇 큰 문제에 부닥쳤던 경험을 토대로 말한다면 큰 문제들이란 작은 문제들의 집합체라고 보고 공략하는 게 최선이다.

큰 문제를 액면 그대로만 보고 있으면 파악하기도 어렵고 괜히 초조해지기 십상이며, 해결하기엔 너무 어려워 보여 체념해버릴지도 모른다.

큰 문제를 해결하려고 마음먹는다면 분해하고 분석하는 습관을 길러야 한다. 우선 작은 문제의 집합으로 분해할 수 있다면 다음에는 우선순위를 매겨 차례대로 바꿔간다. 이때 우선순위란 전체의 문제에 끼치는 영향력의 크기다.

가령 10개의 문제점으로 분해할 수 있었다면 대세에 영향을 끼치는 문제점은 2가지 또는 많아야 4가지 정도라는 사실을 알 수 있을 것이다. 이른바 80 : 20의 법칙이 적용된다. 우선순위부터 2가지, 3가지(혹은 4가지)를 해결하면, 금세 전체적으로 눈에 띄는 결과가 도출되고 상황은 일거에 바뀐다.

> ❝ '리더십이란 지위의 문제가 아니라, 모든 사람이 리더로 받아들일 수 있는 행동'이라는 사실이다.

● 3E 리더십 모델

내가 제너럴 매니저 자리에 올랐을 무렵 리더십에 관한 사고방식과 연수가 도입되었다. 좀 더 빨리 알았더라면 하고 생각할 만큼 참고가 됐을 정도다.

가장 깊이 깨달은 것은 '리더십이란 지위의 문제가 아니라, 모든 사람이 리더로 받아들일 수 있는 행동'이라는 사실이다. 바디랭귀지를 포함한 행동, 리더다운 행동을 하면 부하직원의 마음을 움직여서 조직을 건사할 수 있게 되는 것이다.

이상적인 리더의 행동은 다음 3가지로 표현되는데, 각각의 첫 글자를 딴 '3E 리더십 모델'이라는 훈련 프로그램이 있다.

- Envision(비전으로 조직을 이끈다)
- Energize(동기를 부여한다)
- Enable(인재양성, 조직개발을 한다)

이 3가지의 행동은 리더십을 실로 명쾌하게 정의하고 있다. 구체적인 행동으로 이어지게끔 작은 항목으로 나뉘어 있어서 하나씩 연마를 해가면서 습득할 수 있게 되어 있다.

- Envision(비전을 갖고 조직을 이끈다)
  1. 비전(장래 구상)을 만들고, 항상 비전을 내세운다.
  2. 한계가 아니라 가능성에 초점을 맞춘다.
  3. 주요 목표와 승리전략에 조직을 집중시킨다.
  4. 비전에 대한 신념을 말과 행동으로 나타낸다.

- Energize(동기를 부여한다)
  1. 목표를 정하고, 높은 기준으로 역할과 책임을 명확하게 정의한다. 흔들림 없이 일관된 자세를 취한다.
  2. 긴박감을 갖는다.
  3. 자타가 공인할 성실한 커뮤니케이션을 한다.
  4. 열의를 지니고 있다는 사실과 위험도 불사하겠다는 사실을 행동으로 보여준다.
  5. 사람들을 소중하게 여긴다는 사실을 보여준다.

- Enable(인재양성, 조직개발을 한다)
  1. 전략 실행에 필요한 능력을 정의하고, 육성한다.
  2. 솔선수범하여 영향력 있는 강력한 시스템을 개발한다.

3. 리더만이 해결할 수 있는 장애를 제거한다.

4. 데이터베이스의 문제해결을 장려한다.

5. 업무 처리에 필요한 스킬을 익힌다.

6. 사람들의 능력을 키우는 전향적인 환경을 조성한다.

7. 효과적으로 권한위임을 한다.

8. 성공과 공헌에 보상해주고 칭찬해준다.

9. 부하의 커리어 양성 과정을 리드한다.

10. 개성을 가치 있는 다양성으로 인정한다.

11. 상황에 맞춰 임기응변으로 행동한다.

워크숍 형태의 훈련과정이 마련돼 있어서 상사와 부하, 동료 몇 명에게 사전준비 차원의 앙케트를 하고, 자신의 행동에 대한 피드백을 받는다. 부하들만을 상대로 앙케트 조사를 하는 게 아니라 상사나 동료들에 대해서도 앙케트 조사를 하는 이유는, 리더십이라는 게 전 방향으로 발휘돼야 한다는 생각을 반영하고 있기 때문이다. 전 방향으로 똑같은 수준이 아니므로 그 앙케트 데이터를 통해 자신의 리더십에 대한 약점을 알아두고, 스스로 개선점을 찾아내서 분석하는 시스템이다.

워크숍에서는 앞서 말한 하나하나의 행동에 대해 사례를 들어가며 학습하고, 자기분석을 바탕으로 자기행동의 장점과 단점을 알아간다. 그러고 나서 1년 동안 매일매일 어떻게 개선돼가고 있는지 메모한다. 또 다른 제너럴 매니저와 2인 1조가 되어 서로 상대방에 대해 함께 발표를 하고 참고할 만한 점이 있으면 참고한다.

그 다음 해에도 마찬가지로 360도 피드백을 하고 전년도와 비교 분석을 하고, 어떻게 개선이 됐는지를 살피면서 새 행동계획을 생각해내는 식으로 리더십 강화를 강구했다.

현재 나는 이 3E 리더십 모델을 소개할 때, 반드시 반대 패턴을 먼저 소개한다. 그런 다음에 앞서 얘기한 이상적인 모델을 소개하면 고개를 끄덕이며 쉽게 이해한다.

리더로서 부적절한 다음과 같은 점들을 되돌아보며 경계로 삼는 것도 효과적이다.

- 비전 없이 조직을 이끈다
  1. 비전이 없다.
  2. 가능성이 없으면 단념한다.
  3. 조직의 방향이 제각각이다.
  4. 본인에게 신념이 없다.

- 부하의 사기를 꺾는다
  1. 시도 때도 없이 목표가 바뀐다. 역할분담을 확실히 하지 않는다.
  2. 빈둥거린다.
  3. 험담이나 모함과 고자질이 횡행하게 놔둔다.
  4. 정열이 없다.
  5. 부하를 중요하게 여기지 않는다.

- 인재를 키우지 않는다

1. 필요한 인재를 확보하지 않는다.
2. 중요한 일은 늘 남에게 맡긴다.
3. 중요한 과제에서 도망친다.
4. 지나치게 직관에 의지한다.
5. 윗사람으로서의 충분한 능력이 없다.
6. 인재양성을 할 환경이 아니다.
7. 권력을 독점한다.
8. 성공을 보상해주지 않고, 칭찬도 해주지 않는다.
9. 부하의 커리어를 키워줄 생각을 하지 않는다.
10. 개성이 강한 사람을 싫어한다.
11. 상황 변화에 대처하지 못한다.

승진과 자기개혁

승진을 할 때마다 나는 생각보다 빨리 윗자리로 올라간 듯했다. 그때까지 있던 지위에서는 이것저것 잘 해내고 자신감도 가졌지만 갑자기 임명받은 새 업무는 헐렁한 신발을 새로 신은 것만 같아서 빨리 거기에 맞춰 성장해야만 한다는 초조감을 느끼곤 했다. 그때까지의 능력이나 자질로는 불충분하다 싶어서 더욱 능력을 키워야 할 필요가 있다는 생각이었다.

일이 사람을 만든다고들 하지만 단지 일을 맡기는 것만으로는 사람이 자연스레 크지 않는다는 것도 사실이다. 맡은 일에 따라 본인이 변화해가지 않으면 안 되는 것이다.

이 변화를 개인에게 요구되는 '개혁'이라 생각하기로 했다. 지금까지 자신이 해온 방식이 옳았기에 성과를 올리고, 그걸 반영하여 승진을 했다고 여기고 그대로 놔두면 자신의 방식을 고집하게 된다. 그렇기에 '자기개혁'을 하지 않으면, 새로운 기대에 부응할 수 없으리라는 사실도 이해할 수 있었다.

새로운 지위란 새로운 임무이기도 하므로 자기개혁을 하지 않으면 자기의 지위에 맞출 수 없게 될지도 모르고, 새로 부하직원이 된 사람들한테 절대 보스로 대접받지 못하게 될 것이다.

참고할 책을 읽는다든지, 새로운 사람을 만난다든지, 얘기를 들으러 간다든지 해서 새로운 지위에서 제 기능을 제대로 하기 위한 새로운 '자기개혁' 노력이 필요하다. 또한 상사가 새로운 것을 흡수하려는 자세는 아랫사람들에게 좋은 역할모델이 되는 효과도 있다.

● 경영전략에 맞춘 업무평가기준의 업그레이드

제2장에서 소개했던 'WCFs' 업적평가기준, 즉 P&G 직원 모두에게 요구하는 스킬 역시 1999년에 'SAWs'라는 새로운 기준으로 업그레이드되었다. P&G의 가치관을 나타내는 PVP(Purpose=기업방침, Core Values=가치관, Principles=이념과 행동지침)에 앞서 말한 3E 리더십 사고방식을 반영하여 재편성한 것이다. 21세기의 출범에 앞서 더 가

혹해지는 국제경쟁에 맞서 이길 수 있도록 업적평가기준을 더 명확하고 단순화시켜 운용하기 쉽게 만든 것이다.

> ❝ SAWs 체제에서는 비즈니스 구축을 목표로 삼고 인재양성을 포함한 여타의 중요한 일은 개별적으로 취해야 할 행동으로 정리가 된 것이다.

'Success Actions for Winning'의 첫 글자를 딴 'SAWs'는 업무의 결과를 더 중시하는 평가기준이다. 최종목표를 비즈니스 성장으로 설정하고, 직원들의 행동이 결과로 이어지도록 하는 데 무게중심을 두었다. 과거에는 스킬이라고 표현했지만 지금은 취해야 할 행동으로 표현된다.

SAWs로 정립함으로써 비즈니스 구축이 가장 중요한 점이라는 게 명확해졌다. 이제까지는 비즈니스를 신장시키는 일과 인재양성 각기 다른 2개의 축으로 추구했지만, SAWs 체제에서는 비즈니스 구축을 목표로 삼고 인재양성을 포함한 여타의 중요한 일은 개별적으로 취해야 할 행동으로 정리가 된 것이다.

인재양성은 능력배양 영역에 포함되었다. 그렇다고 결코 인재양성의 중요성이 감소된 건 아니고, '비즈니스를 성장시키기 위해 사람을 키운다'는 상호 관련성을 더욱 명확하게 한 것이다.

글로벌 규모로 신속하게 행동하기 위해 국경을 초월한 공동작업 collaboration이나 일본인에겐 언어장벽 때문에 장애물이 되기 쉬운 글로벌 커뮤니케이션 능력이 더욱 강조되었다.

'위험을 감수하는 일'이나 '혁신성'은 P&G가 글로벌 기업으로 더욱 발전하기 위해 더더욱 필요성이 높아진 행동이다. 때로 보수적이

> 최고인재 개발이라는 시스템은 훌륭한 성과를 계속 달성하는 인재들의 명단을 만들어서 그들에게 계획적으로 도전정신이 요구되는 임무를 주는 경력관리를 하면서 그 인재들의 성장을 지켜보는 것이다.

라고 생각돼온 P&G가 위험 감수를 장려하고, 이를 명확한 평가기준에 포함시킨 점은 직원들이 더욱 속도감과 긴박감을 갖고 업무에 임해야 한다는 사실을 인식했다는 증거다. 세계 수준에서 더 빨리 성장할 수 있도록 하려면 변혁의지를 강화해야만 했던 것이다.

● 리더 인재의 양성

회사가 계속 성장하기 위해서는 장래에 성공을 견인할 리더를 더 많이 확보해야만 한다. 아무리 뛰어난 관리자라도 언제까지고 눌러앉은 채 후진에게 자리를 양보하지 않는 짓은 그만두고 상사도 부하도 더 높은 지위를 목표로 함께 성장하기를 기대한다.

P&G가 요구하는 글로벌 비즈니스를 펼칠 수 있는 리더를 양성하기 위한 최고인재 개발Top Developement이라는 시스템이 있다. 훌륭한 성과를 계속 달성하는 인재들의 명단을 만들어서 그들에게 계획적으로 도전정신이 요구되는 임무를 주는 경력관리를 하면서 그 인재들의 성장을 지켜보는 것이다.

이는 승진을 약속받은 엘리트 명단이라기보다 어디까지나 성과와 성장을 확인하면서 수시로 갱신되는 명단이다. 어느 시점에서 명단에 있는 사람이 있는가 하면 빠진 사람도 있다. 장래의 리더에게 요구되는 경험이나 능력이란 무엇인가, 그런 능력을 강화하기 위해서는 어떤 임무를 줘야 할까, 하는 것을 늘 의식하는 인재양성이다. 만일의 경우에도 인재부족이 되지 않는 것도 이러한 시스템이 있기 때문이다.

🌀 외국인 직원의 양성

몇 년마다 외국인 관리자가 일본으로 부임해온다. 적소, 적재의 사고방식으로 볼 때 그 적소를 채울 만한 인재가 일본에 없을 경우 외국에서 새로 등용하는 것이다. 세계 기준으로 키운 직원들이기 때문에 특별히 드문 일은 아니다.

그럼에도 많은 외국인 관리자들은 처음으로 일본에 온 상황에서 업무를 시작한다. 본인들도 큰일이지만, 받아들이는 회사에서도 큰일이다. 일본 생활을 돕는 외부직원이 있긴 하지만 내 경우는 업무에 필요한 것으로 생각되는 '일본에 관한' 것도 전달해주려 했다.

예컨대 '청결'이란 어떤 것인가, '일본인이 원하는 제품의 높은 완성도'에 대해서, 그리고 'TV 광고는 일본인에게 어떤 것인가' 등이다. 그들이 상담을 하러 온 적도 있었다. 존경할 만한 점은 그들이 문화가 다른 나라에서 일을 하고 있다는 사실을 염두에 두면서 위화감을 느끼는 것에 대해 먼저 이해하려는 태도를 갖고 있다는 사실이다. 나는 가능한 한 그러한 의문, 질문에 답할 수 있도록 '문화적 통역'을 하겠다고 다짐했다.

🌑 사내 컨설턴트

신제품 발매계획에 대해 동업자 평가Peer Review라고 해서 제너럴 매니저끼리 최종적으로 뭔가 간과한 사항이 없는지, 제3자의 관점에서 검토하도록 한 경우가 자주 있었다. 상담 내용은 패키지 디자인, TV 광고, 포지셔닝 등 전략적으로 중요한 사항들이었다. 제너럴 매니저가 경험은 풍부하지만 다른 분야의 담당자들과는 다른 관점에서 볼 수 있기 때문에 그걸 활용하여 계획을 더욱 보강하려는 발상이다. 다양성을 활용한 사내 컨설턴트다.

🌑 일본을 배우다

《일본의 거인들Giants of Japan》이라는 책이 있다. 외국인에게 일본에 관한 설명을 할 일이 이따금 있었는데 그런 경우에 이 책이 큰 도움이 되었다. 영어로 씌어져 있고, 벌써 몇 년도 더 전에 처음 읽었던 책인데 지금도 가끔 다시 읽곤 한다.

일본의 문화, 사고방식에 영향을 준 것으로 생각되는 약 40명의 얘기가 실려 있다. 역사상의 인물부터 현대인에 이르기까지 정말 선정을 잘한 책이다. 일본에 부임해서 일본에 친숙해진 외국인에게는 일본을 아는 지름길의 하나로 이 책을 추천하고 있다. 빨리 일본에 익숙해지고 활약하는 것이 일본인 동료들을 위해서도 결국 좋은 일이 아닐까. 국적과 성별 등의 다양성이 뜻밖의 아이디어를 만들어낸다. 물론 일본인으로서 일본을 좀 더 아는 것도 중요하다.

2. 다양성의 도입

● **최초의 일본인 부사장이 되다**

P&G 뉴벤처 아시아Corporate New Venture Asia 담당 부사장으로 임명된 것은 1998년의 일이다. 당시 나는 신규사업 개발을 담당하게 되었다.

그 시절 P&G는 명확하게 글로벌 카테고리 체제로 조직을 개편했다. 그것을 받아 내가 담당한 종이제품 사업부는 3개의 독립된 글로벌 카테고리로 나뉘었다. 팸퍼스는 베이비케어 사업부, '위스퍼'는 여성케어 사업부, '아텐토(성인용 기저귀, Atento)'는 성인 콘티넨스 사업부였다.

부사장으로 담당한 신규사업 개발 미션은 다가올 21세기에 P&G가 계속 번영해가기 위한 새로운 메가 브랜드를 창출하는 것이었다. 팸퍼스, 팬틴을 시작으로 현재 P&G는 1천억 엔이 넘는 매출을 올리는 브랜드가 다수 있으며, 전 세계의 소비자들이 이 브랜드들을 매일 사용하고 있다. 이러한 메가 브랜드가 될 가능성을 간직한 제품의 컨셉과 신규사업 아이디어를 모색하는 일이었다.

신규사업 개발은 일본과 미국이 공동작업을 했다. 소수정예의 다기능팀multi-functional team으로, 연구개발, 마케팅, 시장조사, 영업전략, 금융, 생산본부 부서로 구성된 팀이었다. 앞서 말한 바처럼 일본의 선진적인 소비자의 목소리는 신제품 개발에 중요한 힌트가 된다고 여겼기 때문에 일본 소비자를 활용하여 신제품 아이디어를 검토했다.

전에는 P&G에서 새로운 기술이나 선진기술 등을 모두 자사공급, 자사 연구소에서 개발했지만, 이제는 외부에서 라이센스를 받아오기도 하는 개방형 기술혁신Open Innovation 방식도 수용했다. 이는 기업의 성장속도에 박차를 가하기 위한 것이었다. 기존의 조직이나 제품에 관계없이, 전혀 새로운 것을 세상에서 찾아낸다는 조직의 역할은 계속되고 있다.

최고경영자의 격려

P&G 뉴벤처 아시아 담당자가 되었을 때, 2명의 최고경영자에게서 편지를 받았다. 누구도 한 적 없는 일에 손을 댄 것에 대한 따뜻한 격려의 편지였다.

한 사람은 당시 CEO였던 존 페퍼 씨였다.

"종이제품 사업부를 떠나게 돼 이런저런 생각이 많으리라 생각합니다. 종이제품 사업부는 점점 호조를 보이고 있습니다. 제품 개량 속도가 예전보다 빨라지고, 팸퍼스 팬티도 준비가 돼 있고, 아텐토의 신제품도 탄탄합니다. 지금까지 높은 도전정신이 필요했습니다. 이제 사업은 다시 활기를 띠고, 제대로 된 기반이 조성돼 있습니다. 직접 만났을 때도 말했지만, 당신이 신규사업 개발을 담당하게 된 것을 기쁘게 생각합니다. 일본이 앞으로도 계속 성장해가는 것은 우리에겐 중요한 일이며 그 때문에 신규사업이 대단히 중요하다는 것을 당신은 이해하고 있습니다."

또 한 사람은 당시 COO였던 더크 예거 씨였다.

"월보月報를 읽었는데 비즈니스가 바닥을 치고 이니셔티브를 취할 필요가 있다는 얘기가 나오는 건 좋은 일이라 생각합니다. 이것이 바로 일본에서 승리하는 겁니다. 당신의 비즈니스 계획이 더 강력한 결과로 이어질 것이라고 확신합니다. 신규사업 부서로 이동한다는 걸 알고 있습니다. 활기를 되찾게 만든 브랜드에서 손을 떼는 건 언제나 괴로운 일입니다. 그러나 신규사업 개발은 지거나 뒤떨어지지 않는 도전과 기회를 약속합니다. 현상적인 문제는 테크놀로지 활용에 시간이 걸리고, 기술혁신을 대성공으로 이끄는 데 충분한 노력을 기울이지 않기 때문입니다. 부디, 신규사업 개발을 즐기시기 바랍니다."

● 여성 관리직의 활성화를 위한 워크숍

부사장이었던 시절, 마지막으로 손을 댄 프로젝트가 조직 활성화를 목적으로 한 여성관리직의 체류형 워크숍이었다. P&G에서는 내 뒤에도 차츰 여성 관리자들이 생겨나고, 중간관리직 여성들은 이미 훌륭한 실적을 올리고 있었다. 이것을 좀 더 활성화시킬 수 있다면 회사로서는 굉장한 일이 될 것으로 생각했다. 그런 시기에 공사公私를 막론하고 의식을 더욱 고양시키는 자기계발 세미나에 우연히 참석하게 되었다.

1999년 봄, 잘못 보낸 전자메일 한 통이 내 앞으로 왔다. 하루에도 수백 통씩 메일이 오는 형편이어서 필요 없는 메일은 삭제해버리는 경우가 많았으나, 문득 마음에 걸려 내용을 읽어보니, 'Women Supporting Women(WSW)'이라는 워크숍이 P&G 본사에서 열리고, 그것을 캐나다에서 처음 해봤더니 아주 호평을 받았다면서 그 강사를 칭찬하는 내용이었다.

그래서 나는 '잘못 온 메일이지만, 여기 적힌 WSW 세미나가 재미있어 보이니 구체적으로 어떤 건지 알려주시기 바란다'는 답장을 보냈다. 이런저런 설명을 받고 보니 무척 괜찮아 보여서, 당시 P&G 동북아시아(일본, 한국) 담당 사장이었던 밥 맥도널드 씨(현재 P&G 본사 부회장)에게 상담을 하고 도움을 얻어서 각 사업부담당 제너럴 매니저와 각 본부장이 모이는 정례 리더십 팀 회의에서 제안하기에 이르렀다.

WSW세미나는 여성 관리직에 초점을 맞춰 스스로가 이 커리어를 선택했다는 사실을 재확인하거나, 역할모델에 관해 생각하고, 자기계발 방법 등을 배우는 내용이었다. 원래는 대단히 남성 중심이었던 미국 생산현장의 여성 관리직을 활성화시키고 네트워크를 구축하려고 시작한 워크숍이었다.

남성들이 업무를 원활하게 추진하기 위한 네트워크 구축 작업을 아주 자연스럽게 할 수 있는 데 비해 여성들은 아무래도 쉽지 않았다. 일본 P&G에서도 여성 관리직이 대세였지만, 각부마다 들여다보면 아직도 여성 관리자가 몇 명밖에 없는 부서도 있고 그런 부서의 근무지가 떨어져 있으면 여성 동료들 사이의 네트워크도 뜻대로 되지 않는 모양이었다. 며칠에 걸쳐 숙박을 같이 하는 워크숍이기 때문에 서로 간에 자극이 될 뿐만 아니라 사내의 인맥 만들기와 네트워크 형성이 중요하다는 걸 느끼게 만들어줄 매우 좋은 기회가 될 것이라고 생각했다.

기획서를 제출하고 취지를 설명했더니 다른 외국인 매니저들도 찬성을 해주었다. 나아가 "그런데 어째서 여성만인가? 남성들도 같이 하면 좋을 텐데" 하는 의견들도 나왔다. 그것은 확실히 더 바랄 것 없는 얘기였다. P&G에서는 '조직은 다양성을 지녀야 한다'는 의식이 이미 뿌리내리고 있었으며, 제안한 프로그램은 여성만이 아니라 남성직원에게도 의미 있는 것이 되리라 여겼기 때문이

> WSW세미나는 여성 관리직에 초점을 맞춰 스스로가 이 커리어를 선택했다는 사실을 재확인하거나, 역할모델에 관해 생각하고, 자기계발 방법 등을 배우는 내용이었다.

다. 그러나 나는 '일본에서는 먼저 여성 중간관리직을 대상으로 할 필요가 있다'고 생각했다. 나는 "그것도 좋은 아이디어로군요. 하지만 지금은 우선 이 계획을 먼저 실현시켜봅시다"라고 대답했다. 일본의 조직에 성적 다양성gender diversity의 이점을 늘리기 위해서는 여성의 의식을 더욱 상향시킬 필요가 있다고 생각한 것이다.

미국에서 실제로 가르치고 있는 퍼실리테이터 3명을 초청하고, 일본에서는 나를 포함한 3명으로 팀을 짰다. 일본인 스태프들은 아직 내용파악을 하지 못하고 있었기 때문에 워크숍 개최 2개월 전쯤에 먼저 세미나를 열었다. 또 미국인 퍼실리테이터들은 일본을 모르기 때문에 거꾸로 일본을 포함한 아시아에 대해 이해하도록 할 필요가 있었다. 일본과 아시아 각국의 커리어우먼에 대해 쓴 책을 몇 권 뽑아내 다시 한 번 공부를 했다.

25명의 참가자는 다국적으로 편성하여 각 부처에서 선발했다. 국적, 부문 등 여러 다양성이 섞이도록 했다. 일본인, 한국인, 중국인, 미국인, 벨기에인 등으로 구성했다.

실시해본 결과, 아시아 최초의 WSW는 대단한 호평을 받았다. 피드백을 반영해서 개선하고, 2번째 워크숍을 열어서 각 25명씩 합계 50명의 여성 관리직이 이 연수를 받았다. 그 수강자들에 대한 앙케트 조사도 꽤 호평이었다고 전해 들었다.

● WSW로 생겨난 팀

　두 번째 WSW 세미나 참가자들이 팀 하나를 만들었다. 몇 명이 자발적으로 만든 팀이었는데, 목적은 성적 다양성을 더욱 활용할 수 있는 기회와 새로운 시스템을 리더십 팀에 제안하는 것이다. 세미나가 끝난 다음에 열리는 리더십 팀 회의석상에서 이런 팀이 만들어졌다는 보고를 하고, 향후 그녀들이 여성 관리직이나 여성의 활성화를 위해 구체적인 요망(건의)을 제출하는 조직으로 승인을 받았으며 그로써 팀의 존재가 공식화되었다. 최고관리자는 직원의 목소리를 전부 다 알 수는 없으므로, 이 팀처럼 밑에서 위로 제안하는 것도 좋은 일이라고 생각했다.

　또한 이런 움직임의 영향으로 일본에서 다양성 관리자diversity manager라는 직책도 생겨나고, 첫 WSW에 참가했던 한 여성 매니저가 뽑혀 그 자리에 취임하게 된 것도 기쁜 일이었다.

　WSW 세미나를 연 뒤, 원래 요청이 있었던 남녀 공학 세미나 기획도 다시 제안했다. 그 뒤 PSPPeople Supporting People라는 이름을 붙여 새 워크숍으로 개발했다. 지금은 WSW 및 PSP가 라이센스를 가진 독립기업이 제공하는 세미나로 확립이 됐고, P&G 이외의 기업도 이 워크숍을 도입하고 있다.

● 일본의 다양성

　최근에 한 비즈니스 잡지에서 성적 다양성에 대한 특집 기사를

> P&G에서는 성적 차이만이 아니라 모든 다양성을 조직에 도입하는 것이 기업 활동 자체에도 이익이라는 생각을 갖고 있다. 세계의 소비자 생활을 향상시키기 위해서는 그 소비자들의 다양성을 반영한 직원구성을 갖춰야 한다.

읽었다.

일본에서는 다양성이라고 하면 제일 먼저 화제에 오르는 것이 성적 차이gender에 관한 것이다. 선진적 사례로 거론되는 기업에서도 전반적 다양성으로까지 확대되기에는 아직 시간이 더 걸릴 듯하다. 그러나 다양성에는 그밖에도 국적, 종교, 부문, 업계 등 여러 가지가 있다. 여성에게 공정한 기회를 주어 활용하는 것이 당연히 중요하다고 생각하는데, 이미 지금의 글로벌 기업들은 앞서가기 시작한 것으로 보인다.

P&G에서는 성적 차이만이 아니라 모든 다양성을 조직에 도입하는 것이 기업 활동 자체에도 이익이라는 생각을 갖고 있다. 세계의 소비자 생활을 향상시키기 위해서는 그 소비자들의 다양성을 반영한 직원구성을 갖춰야 한다는 것이다. 실제로 각국에서 그런 직원들이 뒤섞여서 일을 하고 있다.

다양성을 실현하기 위해서는 구조를 만드는 것뿐만 아니라 최고경영진이 전향적인 자세를 직원들에게 보여주는 것이 효과적이다.

제너럴 매니저였을 때의 일이다. 당시의 일본지사장 밥 맥도널드 씨와 어느 외자계 호텔의 리셉션에 참석했던 적이 있는데, P&G의 자재 공급 회사의 매니저가 나를 보고 맥도널드 씨의 통역으로 여기며 얘기를 걸어왔던 적이 있다.

내게는 별일이 아니었지만 맥도널드 씨는 내심 불끈하면서 P&G 내에서의 내 직책을 그 사람에게 말해주었다. 그러고 나서 며칠 뒤에 다양성을 이해하지 못하는 기업과는 거래하지 않겠다면서 거래 정지 결정을 내렸다.

　상황이 그렇게 전개되는 게 놀라웠지만 성적 다양성을 준수하고 있는 기업으로서 이런 일을 눈감고 넘기지 않겠다는 P&G의 행동규범을 지키기 위해서였으리라. 숭고한 기업이념이 사내에 두루 미치고 있는 것을 실제로 체험했던 순간이기도 했다. 매니저로서의 높은 의식과 일관성 등을 가르쳐준 상사였다.

● 다양성이 가져다준 선물

　일본인에게 P&G는 오랫동안 매우 독특한 회사였다. 외국에서 들어오는 새로운 세력을 위협으로 간주하고 구로부네黑船*의 내습'이라고 요란스레 써대는 언론도 있고, 밖에서 들어오는 사람은 이방인으로 치며, 첫 반응이 '배척'인 경우가 많은 것이 일본의 국민성이다. P&G가 일본에 상륙한 직후에도 그렇게 간주됐으리라.

　여담이지만, 일본 토이저러스ToysRus 사의 사장으로 취임했을 때, 회사연혁을 훑어보니 1990년대 초엽에 각 지역점을 개설할 때

---

* 역주) 19세기 중반, 일본의 쇄국정책 당시 통상을 요구하는 미국의 구로부네(흑선)라고 불리는 함대가 출현했다.

마다 '구로부네'라는 키워드가 제목으로 뜨는 신문기사가 기록돼 있었다. 지금이야 완전히 용인되고 있지만, 허다한 외자계 기업이 거쳐온 길인 듯했다.

나 역시도 입사 직후 입사동기들과 어울린 술자리에서 "P&G재팬의 외국인들을 언젠가는 내보내고, 일본인 회사로 하느냐 마느냐" 하는 문제로 대논쟁을 벌인 적이 있었다. 그 무렵에는 외국인을 받아들이지 않고 언젠가는 모두 일본인화한다는 게 당연하다고 생각하는 소리들이 적잖이 있었다. 하지만 일본인 회사란 남성 중심의 회사이기도 했다. 비즈니스계의 소수자인 여성으로 데뷔한 나로서는 그런 회사로 돌아가는 선택의 우를 범할 리 없다. 그런 논쟁은 지금은 상상도 할 수 없는 일이고 우스갯소리로까지 들릴 수 있겠다.

P&G 본사도 세계화를 추진하면서 경영전략의 일환으로 다양성을 시도해 변화를 이뤄냈다. 일본 P&G도 그 뒤를 따라 성장해온 시절에 나의 경력과도 맞아떨어져 다양성이 초래한 변화를 파이어니어로서 온몸으로 체험할 수 있었다.

많은 '일본인 최초'라는 타이밍과 조우하고, 역할모델로서 다양성을 확장하는 임무를 수행하게 됐지만 그 때문에 경험을 축적할 수 있었기에 나로서는 행운이었다.

성적 차이 때문에 벽에 부딪치고 있는 기업이 많은 일본이지만, 진정한 의미의 글로벌 비즈니스를 전개하는 기업이 되려면 다른 다양성까지도 활용할 수 있어야 비로소 가능하다.

성적 차이, 국적만이 아니라 일하는 스타일도 다양성의 하나다.

'늦게까지 남아서 일해야 한다'든지 '쉴 틈이 없다'는 따위의 문제는 그렇게 어려운 조건을 따라가지 못하는 직원들을 배제시키는 결과를 낳는다. 일하는 시간 패턴이 다른 사람이 독특하

> 성적 차이 때문에 벽에 부딪치고 있는 기업이 많은 일본이지만, 진정한 의미의 글로벌 비즈니스를 전개하는 기업이 되려면 다른 다양성까지도 활용할 수 있어야 비로소 가능하다.

고도 뛰어난 결과를 만들어낼지도 모른다. 기술혁신을 요구하는 지금 세상에서는 더욱 그렇다. 자기 회사 스타일 탓으로 돌리면서 다양성을 고려하지 않는 단순하고 배타적인 방식을 고집한다면 발전의 기회를 놓쳐버리고 말 것이다.

● 동의하지 않는 일에 동의하다

Agree to Disagree, 즉 '동의하지 않는 일에 동의한다'는 말이 있다. 조직에서 다양성을 효과적으로 활용하고자 할 때 유효한 사고방식이다. '서로 차이를 인정한다'는 것이다. 의견이 대립하고, 평행선을 달려서 아무리 얘기를 해도 합의점을 찾을 수 없다. 열심히 대화를 해서 상대방의 견해는 이해할 수 있지만 자신은 동의할 수 없기에 '동의하지 않는 일에 동의한다'는 것이다. 뭔가 억지소리인 양 생각되겠지만 끝까지 논의하고 상대방의 의견을 존중한다는 점에서 평가받을 만하다.

나 역시 이따금 의견대립을 하게 되는데 다른 점을 배제하는 게

아니라 그렇게 생각할 수도 있다는 걸 먼저 인정하는 게 중요하다고 배웠다.

🌑 23년 동안의 P&G 생활

2000년 3월 31일, 나는 P&G를 은퇴했다.

1977년, 오사카 도야바시淀屋橋에서 좁다란 사무실을 마련한 P&G 산홈이라는 자그마한 회사에 입사한 이래, P&G와 함께 걸어온 세월은 어느새 23년이 되었다. 몇 번의 전환기를 거쳐 P&G재팬 성공의 상징이기도 한 고베 본사 빌딩이 세워졌을 때는 마침내 P&G재팬도 여기까지 왔구나, 하며 동료들과 자랑스러워했던 일을 기억한다.

성장한 회사와 세계를 무대로 활약하는 부하직원들을 보면서 느꼈던 만족감에 벅차 하며 이제부터 P&G라는 꽃을 피우게 하는 것은 이 사람들에게 맡기자, 나 자신은 다른 영역에서 새로운 도전을 해보자고 생각했다. 그런 의미에서 나에게 은퇴는 전직도 정년도 아니고 '졸업'이라는 말이 딱 어울린다.

여성으로서도, 일본인으로서도, 나는 앞선 경력을 쌓은 파이어니어라는 존재가 되었다. 충분히 성장한 부하직원들에겐 새로운 경험을 쌓기 위해 더욱 앞으로 나아가 세계와 당당하게 겨루고, 탐욕을 극복한 사명감을 갖고 활약해줄 것을 간절히 기원한다.

P&G를 은퇴하면서 사람들에게 다음과 같은 메일을 보냈다(원래 영문으로 썼으나 이 책을 위해 번역해서 싣는다).

친애하는 P&G 동료, 사장님, 그리고 친구들에게

나는 P&G에서 23년을 근속하고 이제 은퇴하게 됐음을 여러분에게 알려드립니다. 나로서는 행복한 선택이라 믿고 있습니다.

긴 세월 P&G의, 특히 P&G재팬의 일원이었던 것을 자랑스럽게 생각합니다. 함께 일했던 회사와 종업원들 여러분을 사랑합니다. 내가 입사할 무렵 P&G는 지금의 P&G와 전혀 달랐습니다. 우리는 회사와 한 몸이 되어 기나긴 도정을 걸어왔습니다. 그 길에서 만난 수많은 도전들이 나를 직업인으로, 개인으로 키워주었습니다. 그리고 그것이 P&G재팬의 비즈니스 구축과 조직육성에 공헌할 힘을 내게 주었습니다. 나는 스스로 사무라이인 양, P&G의 다양성을 대표하고, 다른 사람들이 일본과 P&G 둘 다의 장점을 모두 취할 수 있도록 힘을 보태왔습니다. P&G에서 보낸 23년은 내 인생에서 가장 행복한 시절이었습니다. P&G는 나의 꿈을 이루게 해주었습니다.

나의 마지막 창조물은 고베에 있는 CNV(뉴벤처 법인), 그곳에 있는 직원들, 그들의 능력, 시스템, 그 모든 것들에 대한 기술혁신에 바칩니다. 이 그룹이 더욱 크게 P&G를 성공으로 인도할 드림팀의 하나가 되리라 믿습니다. 이 그룹과 일하는 사람들은 부디 계속해서 그들에게 힘을 주고 격려의 지원을 해주시기 바랍니다.

　여러분 덕택에 다른 데서는 얻을 수 없는 것들을 배웠고, 또 지원해주신 데 대해 감사드립니다. 언제나처럼 나답게 많은 분들한테서 내가 하고 싶었던 일을 배웠고, 몇몇 분한테서는 내가 하고 싶지 않은 일을 배웠다는 사실을 말씀드리지 않을 수 없습니다. 그러나 지금의 나는 그 모든 것을 배운 결과물입니다. 많은 분들의 우정에 감사하고 그 우정이 장래에도 이어지길 기원합니다.

　P&G가 도전을 그치는 일은 있을 수 없겠지요. 나는 충분히 도전을 받은 듯한 느낌이 듭니다. 여러분은 앞으로도 전원 일치단결하여 P&G를 더 높은 곳으로 밀어올리기 위해 열심히 도전에 나설 것이라고 믿습니다. 모쪼록 용기를 갖고 앞으로 나아가 각자의 힘을 더 큰 성공을 위해 쏟아주십시오.

　나는 잠시 쉬면서 다음엔 무엇을 할까 생각해보고 싶습니다. 기쁘게도, 인생의 제2장을 어떻게 그려갈까에 대해서는 몇 개의 선택지가 있습니다. 지금보다 더 행복해질 선택을 할 것은 틀림없습니다. 사는 곳은 계속 로코六甲아일랜드입니다. 내 주소는 XXXX입니다. Email은 XXXX입니다. 괜찮으시면 연락 주십시오.

　여러분도 업무의 성공과 가족의 행복이 이루어지도록 행복한 선택을 하시기를 기대합니다.

감사합니다.

2000년 3월 19일
와다 히로코

이 작별인사 메시지는 전 세계의 P&G 직원들 앞으로 보낸 것이다. 정말로 많은 답장이 와서 몹시 감격했다. 기쁘게도 은퇴를 아쉬워하고, 행복한 은퇴를 축복해주었으며, 진심으로 P&G 가족의 일원이어서 좋았구나 하는 생각이 드는 최고의 순간이었다. 이보다 더 근사하고 따뜻하고 고결한, 진지한 사람들은 필시 달리 없지 않을까 하고 생각했다.

많은 답장메일 가운데, 페퍼(전 P&G CEO. 당시 이사회 의장) 씨가 보내온 편지를 소개한다.

친애하는 와다 씨에게

당신이 3월 31일에 은퇴하게 된다는 소식을 접하고 몇 가지 생각해봤습니다.

먼저, 당신이 회사에 해준 모든 일에 대해 진심으로 감사하며 당신의 인품을 상찬합니다. 물론 당신이 해준 모든 것을 다 알 수는 없겠지요. 나는 당신이 위스퍼에 발휘했던 리더십을 알고 있습니다. 그것은 진정한 의미에서 일본 비즈니스를 구해준 것입니다. 나는 적어도 당신이 종이기저귀에 도입한 아이디어나 방향성과 관련한 사실 몇 가지를 알고 있습니다. 또한 당신이 많은 사업 아이디어를 새로 고안해낸 사실도 알고 있습니다.

그리고 비즈니스 아이디어만이 아니라 당신이 일본인 직원들의 역할모델이었다는 사실도 알고 있습니다. 특히 무엇을 할 수 있는지를 보여주고 용기, 이니셔티브, 기술혁신을 체현해왔습니다.

나는 특히 최고 수준의 업무를 지향하는 당신의 사명감과 봉사정신에 감복합니다. 소비자를 이해하고, 소비자를 섬기는, 소비자에 대한 당신의 책임감을 칭송합니다.

이것만만은 아니겠으나 나는 당신과, 당신이 해준 일과 업무 스타일에 대해 많은 감사를 표합니다.

또 하나 당신의 장래에 만복이 깃들기를 마음 깊이 기원합니다. 당신이 무엇을 선택하든, 반드시 성공하리라 믿습니다. 행복하고 충만하길 바라고 있습니다.

지금까지 그렇지 않았다는 의미가 아니라 지금부터 더욱 그렇게 되기를 기원합니다. 당신은 행복하게 될 자격이 있습니다.

마지막으로, 몇 년 전에 근사한 점심을 같이 하면서 나에게 마음 써준 일을 감사드립니다. 레스토랑에서 보고 내 마음에 들었고, 그 뒤 당신이 선물해준 유리세공의 새 문양 젓가락받침은 지금도 책상 위에 있고 그걸 볼 때마다 당신의 특별한 자질을 떠올리면서 당신을 특별한 사람이라고 생각하고 있습니다.

나의 친구여, 건강에 유념하세요.

행운을 빕니다.

2000년 3월 21일

J. E. 페퍼

그리고 나의 멘토였던 래플리(현재 CEO) 씨한테서 메시지가 도착했다.

친애하는 와다 씨에게

당신과 직접 만나, 당신이 일본P&G에서 이룩한 뛰어난 공적을 축하하려고 저녁식사 초대를 할 생각이었습니다. 그러나 베이징에서 이사회의가 열리고, 아시아 출장이 취소되었습니다. 그래서 이렇게 편지로라도, 당신이 일본 P&G에 해준 일에 대해 감사하고, 내가 당신한테서 배운 사실에 감사드립니다.

최근 2년간의 일본회사 성공을 기쁘게 생각하고 있습니다. 당신도 나도, 당신이 그 성공에 다대한 공헌을 했다는 사실을 알고 있습니다. 감사합니다.

언제가 될지는 모르겠지만, 내가 다음번에 일본에 갈 때는 꼭 만날 수 있기를 기원합니다.

행운을 빕니다.

2000년 3월 29일
A. G. 래프리

특히 눈부시게 성장한 CBD(P&G 영업부) 사람들에게도 칭찬과 감사와 성원을 담은 메시지를 보냈다. 파트너로서 함께 싸워온 광고 대리점 등 외부 인사들에게도, 같은 메시지를 담아 작별 메일을 보냈다.

부하들이 중심이 되어 열어준 송별파티는 정말 마음을 따뜻하게 해주었고, 해외의 P&G 사람들로부터도 메시지가 많이 밀려들었다.

이 책을 쓸 때 다시 한 번 그 많았던 메시지들을 읽어볼 수 있었는데, "이런 것도 있었네", "그렇게 생각했구나" 하고 그때가 눈앞에 선했다.

송별회에서 MD에 녹음한 메시지들도 그리운 마음으로 들었다.

지금은 제너럴 매니저가 된 한 직원은 내가 마케팅 디렉터였던 시절에 어시스턴트 브랜드 매니저로 함께 일했는데, "어느 날 출장에서 돌아와 점심때 회사에 가니, 와다 씨가 "당신들, 뭐 하는 거야. 제너럴 매니저가 찾고 있어요, 빨리 가보세요!" 하기에, 황급히 달려가려 하니까 이번엔 뒤에다 대고 "뭐 하고 있나. 사무실에서 뛰면 안 되잖아"라고 했다. "도대체 어쩌란 말이야!"라며 지난 얘기를 했고, 그 바람에 송별회장에 와자하게 웃음보가 터진 장면도 녹음돼 있다.

스태프들과는 술 마시러 간 적도 많았는데, 2차, 3차가 끝날 즈음에는 문을 연 가게가 없어서 아파트가 늘어선 로코 아일랜드 인공 연못에 금융담당 매니저와 함께 캔 맥주를 한손에 들고 앉아 4차를 시작하던 얘기 등도 있었다. 다음 날 아침, 금융담당 매니저는 숙취에 몹시 허덕였는데, 회사에 와보니 와다 씨는 쌩쌩하게 출근해 있더라고 말했으나, 실은 그때 나도 몹시 괴로웠다. 그래도 주위 사람들에게 숙취를 들키지 않으려고 애써 등을 펴고 있었던 것이다.

광고 대리점 사람은 "대리점 입장에서는 엄한 분이셨지만, 좋은 아이디어가 있으면 칭찬해주어서 회의를 앞두고는 옷깃을 여미면서도 즐겁게 만났다"고 했는데 그 얘기가 그립다. 모든 에피소드가 '나'의 캐릭터를 말해주고 있었다.

● '해보자!' 도전정신

P&G에는 철저하게 말한 것을 행하는 '유언실행有言實行'의 사풍이 있다. 단일민족으로 구성된 직원들도 아니고 다국적 직원들이 모여 있는 회사인 데다, 영어라는 공통어가 있긴 하지만 미묘한 마음상태까지 맞출 수 있기를 기대할 순 없기 때문이다. 해야 하는 일과 하고 싶은 일은 처음부터 말하지 않으면 협력자를 얻을 수도 없고 실행에 옮길 수도 없다.

이런 사풍에 내가 별로 저항감을 느끼지 않았던 것은 옛날부터 키가 작아서 나는 체격적으로 불가능한 것도 많았기에 '좀 더 커 보이고 싶다', '이길 수 있는 부분에서 승부를 벌이겠다'는 의식이 있었기 때문이다. 영어를 쓰는 일에 취직하고자 마음먹은 것도 내가 자신하는 분야에서 승부하고자 생각했던 까닭이고, 타인과는 다른 일을 하고 싶다는 생각에 자기가 이질적인 존재, 다양성(남성 가운데 여성, 외국인 가운데 일본인 관리자)의 하나가 되었을 때도 별 저항감이 없었다. 오히려 일반적이지 않은 게 달갑기도 했다.

내가 주로 담당해온 신제품 도입이나 잘 안 되는 사업의 재검토, 새로운 제도의 도입에 따르는 위험성과 본보기가 별로 없다는 사실에 대한 불안이 따르곤 했지만, 나는 전례 없는 쪽에 오히려 분발하는 타입이어서 항상 "좋아, 해보자 이거야!"라고 스스로 말을 걸었다. '유언실행'으로 바깥에 대고 발설할 뿐만 아니라 나 자신에게도 하기로 한 건 주저하지 말도록 고무시켰다.

🔹 워크 스마트가 되다

되고 싶은 사람이 되기 위해서는 자기 나름의 미학이 필요하다. 예컨대 나는 주니어 시절부터 워크 하드Work Hard가 아닌 워크 스마트Work Smart로 가겠다고 생각해왔다. P&G 사람들은 밤 늦게 그리고 휴일까지 엄청 일을 하지만 나는 브랜드 매니저에 올라갈 때까지 잔업을 한 적이 없다.

물론 일에 여유가 있었다는 말은 아니지만 일 잘하고 잘 노는 밸런스를 유지하는 것이 중요하다고 생각해왔기 때문에 일 자체를 줄이는 것이 아니라, 정해진 시간 안에 마칠 수 있도록 노력했다. 수면 밑에서 발을 파닥이는 물새처럼 필사적으로 일하는 모습은 되도록 보이고 싶지 않았다.

신입직원 시절부터 은퇴하기까지 매년 거르지 않고 장기휴가를 받아 완전히 재충전하면서 도전이 필요한 업무를 해왔다. 내가 장기간 부재중일 경우에는 가능한 한 직속부하에게 맡겼기 때문에 그 떳떳함에 부하가 놀라거나 당황하기도 했지만, 부재중일 때는 타부서 사람들의 도움을 받아서 일을 무사히 처리했다. 나로서는 재충전을 할 수 있고, 부하로서는 하면 된다는 자신감을 얻을 수 있는 일석이조의 기회였다.

워크 스마트라는 생각 그 자체에 무슨 의미가 있을 리는 없고, '나는 이렇게 되고 싶다' 하는 존재에 근접하기 위해 무얼 할 수 있을까를 생각하여 매일 실행하는 것, 거기에 정열을 잃지 않는 것이 중요하다.

> P&G는 회사의 가치관인 '윤리관'과 '신조'가 아주 강한 회사다. 물론 이익을 추구하는 비즈니스를 하고 있지만, '소비자는 왕이다'라는 원칙을 잊은 기획은 결코 통과시키지 않으며, 윤리적으로 정당하지 않은 일이나 불안이 남아 있는 제품이 세상에 출시되는 일은 원칙적으로 없다.

나는 같이 일하는 부하나 비서들에게 곧잘 묻는다. "당신은 어떻게 되고 싶은가?" 업무상의 스킬이야 프로젝트 하나하나 해나가면 익힐 수 있지만, 같은 경험을 하면서도 많은 걸 배우는 사람과 그렇지 않은 사람이 있다.

그것은 개인차인데 긴 세월이 흐르다 보면 어디쯤에서 그 차이도 줄어든다는 것도 알고 있다. 하지만 P&G에서 얻을 수 있는 경험이나 능력이 그 사람이 '되고 싶은 존재'로 이어지지 않으면 반드시 어딘가에서 성장은 정지돼버리는데 그것은 회사에도 개인에게도 불행한 일이다.

특히 P&G는 회사의 가치관인 '윤리관'과 '신조'가 아주 강한 회사다. 물론 이익을 추구하는 비즈니스를 하고 있지만, '소비자는 왕이다'라는 원칙을 잊은 기획은 결코 통과시키지 않으며, 윤리적으로 정당하지 않은 일이나 불안이 남아 있는 제품이 세상에 출시되는 일은 원칙적으로 없다.

성실하고 올바른 일을 한다는 P&G의 기본적 가치관을 공유할 수 없는 사람은 비즈니스를 구축하는 것 이상으로 부하인 인재양성을 하거나 리더십 면에서 벽에 부딪히는 일이 많은 것 같다. 자기 경력이나 능력 신장에만 주의를 기울이다 보면 부하가 성장하기 위한 무대를 마련해줄 수 없게 되거나 주위 사람의 마음을 움직여 협력을 얻어낼 수가 없기 때문이다. 경우에 따라서는 본인이 승진할 수 없는 이유를 모르는 경우도 있지만 상사들이 보면 금세 알 수 있다.

'신조'나 '윤리관'은 말로 표현되면 당연한 것처럼 들리지만 P&G 밖으로 나와서 다시 보니 그것들을 정말로 계속 실행해나간다는 게 보통일이 아니라는 걸 실감했다. 그렇기 때문에 P&G가 강한 조직이 된 것이다.

마찬가지로 개인 차원의 미학도 그 구체적인 내용이 아니라 자기가 되고 싶은 존재에 어떻게 다가갈 것인지, 그리고 어떻게 실행해 갈 것인지가 다른 사람과의 차이를 만든다.

미스 위스퍼에게 날개가 돋은 날

현역시절, 나를 보고 '미스 위스퍼'라고 부른 사람도 있었지만 P&G를 나온 뒤에는 무엇보다 마치 날개라도 돋은 듯이 몸이 가벼워졌다는 사실이다.

P&G적인 사고방식이나 일하는 방식이 나의 DNA가 되어 어떤 일이라도 할 수 있을 듯한 자신감이 드는 한편, 일본의 비즈니스 사회에 1학년이 된 것 같은 기분도 들었다.

은퇴한 뒤 나는 2001년부터 약 2년 동안, 사이클론식 청소기로 유명한 영국의 가전메이커 '다이슨Dyson'의 일본법인 사장직을 맡게 되었다. 새 업무를 고를 때의 포인트는 'P&G에 있었다면 할 수 없었을 일'이었다. 특히 그 시기의 다이슨은 지금까지 P&G 출신자가 가지 않았을 정도로 작은 회사였고, 또 나는 제품 자체를 아주 좋은 것으로 실감할 수 있었던 게 결정적 요소로 작용했다. P&G 출신들이 쳐다보지도 않던 시절에 다이슨에 들어갔지만, 실례를 무릅쓰고 말한다면 나는 역시 도전을 좋아하는 것 같다.

그리고 2004년 4월부터는 '일본 토이저러스의 대표이사 사장 겸 최고집행책임자COO를 맡게 되었다. 토이저러스는 몸이 아파 몇 개월밖에 함께할 수 없었지만, 첫 소매업이었고 이 또한 새로운 도전이었다.

현재는 오피스 와다Office WaDa의 대표로서, 다수의 기업이나 단체에 마케팅과 관리management 컨설팅을 하고 있다.

P&G는 지금도 매우 좋아하는 회사이며, Retired Officers(제너럴 매니저급 이상으로 퇴직한 사람으로 구성된 P&G 출신자) 모임인 Global Leadership Council이라는 회의에 참가하고 있는 것을 무척 영광스럽게 생각한다. 내 몸에는 P&G의 DNA가 많이 남아 있고, 그것이 현재의 컨설팅 업에서도 기본이 되고 있다. 업종이나 사업형태 등 잘 모르는 비즈니스 분야라도 아주 간단하게 답이 나온다.

앞으로의 내 역할은 내가 획득한 이런저런 노하우나 사고방식을 필요로 하는 곳에 제공해주는 일이다. 일을 성취하기 위해서는 지식이나 방법을 아는 것만이 아니라 사고력과 능력을 지닌 '인재'를 키울 필요가 있다.

나의 비즈니스 경험 대부분은 P&G에서 쌓은 것이지만 회사 밖으로 나와 다시 보니 P&G가 얼마만큼 인재양성을 중요시하고, 나를 계속 성장시켜준 곳이었는지 통감하고 있다. 항상 더 높은 수준을 추구하라는 요구를 받았는데 그 때문에 나는 다음과 같은 말을 좋아한다.

> 일을 성취하기 위해서는 지식이나 방법을 아는 것만이 아니라 사고력과 능력을 지닌 '인재'를 키울 필요가 있다.

If you put mind to it, you can accomplish anything.
마음을 쏟아 넣으면 무슨 일이든 성취할 수 있다.

무엇이든 해보지 않고는 모르는 법이다. 마찬가지로 이 책 역시 쓰여져 있는 것은 어디까지나 P&G라는 하나의 기업에서 일한 와다 히로코라는 한 인간의 경험이 토대를 이루고 있다. 개중에는 실제로는 실현 불가능한 일로 느껴지는 부분도 있을지 모르겠으나, 해보면 여러분의 회사나 조직에서도 정말로 실현될 것이다.

나 역시 앞으로도 이 말을 몇 번씩이라도 되뇌며 오직 한 가지의 커리어only one career를 목표로 삼아 추구해나갈 것이다.

에필로그 인재양성을 위한 기본원칙은 동일하다

"P&G는 어째서 우수한 인재를 계속 길러낼 수 있는가?"라는 질문을 받는 경우가 종종 있습니다.

P&G에서 실제로 일해보지 않고는 알 수 없는 것, 말로는 다 표현할 수 없는 것이 허다하지만, 이 책에서는 나의 경험을 통해 P&G식 인재양성 시스템을 소개했습니다. 시스템이라 해도 매뉴얼화한 획일적인 것이라는 의미는 아닙니다. 시스템이란 사고방식이기도 하고, 원리원칙principle이기도 하며 어프로치 등을 포함한 체계이기도 합니다.

P&G는 늘 앞으로 나아가기 위해 끊임없이 개혁하고 있습니다. 나의 경험으로 소개한 인재양성 시스템은 지금 현재의 P&G와 전적으로 똑같지는 않지만 사람을 키우기 위한 기본원칙은 동일합니다.

사람은 인스턴트 라면처럼 금세 완성되지 않습니다. 그것은 큰 회사나 작은 회사나 마찬가지입니다.

나는 23년간에 걸친 P&G 재직기간에 P&G재팬이 '성공하지 못한 작은 외자계' 회사에서 '성공한 대형 외자계' 회사로 성장하는 과정을 함께 걸어왔습니다.

완성된 조직이라고 하기에는 거리가 먼 시작이었고, 조직 짜기, 인재양성을 위한 프로젝트가 많았습니다. 나를 포함하여 거기에 직접 관여했던 많은 직원들도 컸습니다.

아무리 필사적으로 열심히 일을 해도 회사가 있고 자신은 그 톱니바퀴에 지나지 않는다는 시각에 잘못이 없습니다. 그러나 그것 때문에 실망하거나 체념할 필요는 전혀 없습니다.

유일한 존재로서 '회사'라는 사람은 없습니다. 많은 사람들이 '회사'를 구성하고 있지만, 한 사람 한 사람은 '회사'가 아닙니다. 그렇다면 '회사'로서는 한 사람이 빠지든 말든 상관없습니다. 이는 결코 유감스럽지도, 쓸쓸한 일도 아닙니다.

중요한 것은, 자신에 대한 '사명감'을 갖는 것입니다. '자기가 되고 싶은 존재가 되는 것'이라는 사명감입니다. 이것은 자신에게도 중요한 일이며, 고용해준 회사에도 무척 도움이 되는 일입니다. 자신이 되고 싶은 사람이 되기 위해 열심히 일을 하고, 그것이 평가로 이어져서 자신이 커가고 있다는 걸 인식할 수 있을 때가 가장 기쁜 법이지요.

그렇게 느끼면서 일하고 있는 개인이 많다면 회사는 무척 행복한 상태가 되고, 동시에 큰 돈벌이도 할 수 있습니다.

자화자찬이라는 비판을 받을지도 모른다는 위험성을 느끼면서 무언가 독자 여러분이 응용할 수 있는 힌트가 되길 바라면서 이 책을 썼습니다.

나의 경험을 통해서 되고자 하는 사람이 되고자 애쓰는 이들에게 힘을 주고 싶고, 사람을 키우는 이들에게는 이 책이 뭔가 깨달음을 제공할 수 있기를 바랍니다.

나도 지금 하고 있는 컨설턴트 일을 통해 새로운 것을 배우며 진화해가고자 합니다.

이번 출판은 1년 이상이 걸린 프로젝트가 되었습니다. 글 쓰는 속도가 느린 나를 격려해준 친구들에게 감사합니다. 인내심 있게 내 등을 밀어준 다이아몬드 사의 편집자 쓰보야 미치코坪谷美智子 씨. 쓰보야 씨의 믿음직한 보조자로서 내 인터뷰어 역할을 해준 우사미 기요시宇佐美淸 씨.

멋진 장정을 디자인해주신, 공사를 가리지 않는 친구인 컨셉터 사카이 나오키坂井直樹 씨와 워터 디자인스코프의 우츠키 고이치臼木幸一 씨. 촬영에 약한 저를 감쪽같이 찍어준 카메라맨 나가이 마모루永井守 씨. 도전적(?)인 책 제목을 제안해주신 P&G 시절 이래의 친구인 화가 사사오 미쓰히코笹尾光彦 씨.

당신들이 없었다면 이 책은 태어나지 못했습니다. 감사합니다.

마지막으로 나와 동시대를 보낸 경애해 마지않는 P&G의 모든 분들에게 감사합니다.

2008년 8월 좋은 날에